AF416058

Iván Sierra

29 HÁBITOS
QUE NOS
CAMBIARON
LA VIDA

**29 hábitos que nos cambiaron la vida.
Trendhunting en pandemia.**

1ª. edición, 2020.

® Todos los derechos reservados.

Toda reproducción, distribución, transformación o difusión de esta obra debe ser realizada con la autorización de los representantes legales de Negocios & Estrategias S.A.

Certificado de Derechos de Autor GYE-011837
ISBN: 978-9942-38-887-2

Negocios & Estrategias y Trendhunting de Negocios & Estrategias son marcas registradas de Negocios & Estrategias S.A.

Diseño gráfico de la portada y portadas interiores:
Plums Diseño, www.plumscrea.com

Diagramación y preprensa: Ecuasónika

Impreso en Gráficas Iberia
Quito-Ecuador. Enero 2021

IMPRESO EN ECUADOR – PRINTED IN ECUADOR

Iván Sierra
Negocios & Estrategias S.A., 2020
Guayaquil, Ecuador

Cómplices

Cuando nos hizo falta apoyo en diseño gráfico y en investigación *online*, Plums Diseño y Koala Insights nos echaron una mano; bueno, las dos manos.

Y todo su talento, responsabilidad y buena onda.

¡Gracias, cracks!

PLUMS DISEÑO

Echa Semilla & Crecerá

Ayudamos a construir marcas valientes con una sólida base estratégica. Creemos en las marcas que hacen lo que dicen.
-Plums Diseño
www.plumscrea.com

¡En Koala Insights somos vida digital!

Nos destacamos por ser una agencia digital que transforma información en oportunidades a través de análisis, estrategias efectivas y campañas comunicativas llenas de creatividad para que tu marca se destaque en el mercado.
-Koala Insights
www.koalainsights.com

Orfebres de los hallazgos

Alejandra Cedeño, Emily Franco y Karen Williams han tejido el complejo entrelíneas que hace posible que 29 *hábitos que nos cambiaron la vida* vea la luz.

Gracias a ellas y a todo el equipo de Negocios & Estrategias, navegantes de los mares de las conductas humanas, por el hilo de Ariadna, que me permite volver y firmar estas cuartillas.

ÍNDICE

INTRODUCCIÓN

Es muy común saltarse las introducciones, lo sabemos. Sin embargo es necesario que te ambientes un poco en la temática de las tendencias a través de tres conceptos muy importantes. Prometemos ser breves.

Lo primero es que el Trendhunting no se trata de productos que muchos ya están usando o deseando comprar. Esos productos ya los está fabricando alguien que te ha ganado la *pole position*.

El Trendhunting identifica hábitos con potencial de convertirse en prácticas comunes y permanentes en una sociedad. Contar con ese tipo de información, por tanto, permite crear negocios o políticas públicas con los más altos niveles de receptividad.

El primer paso, por tanto, no está en el estrecho espectro de un mercado, sino en el amplísimo paisaje de la sociedad.

La segunda idea tiene que ver con el término *tendencia* y la problemática de su polisemia.

Guillaume Erner, en *Sociología de las tendencias*[1], afirma "*...la noción de tendencia puede designar tanto fenómenos fútiles –la canción de verano- como temas mucho más serios –desde la Teología de la liberación hasta el desarrollo sostenible*". Es necesario, por tanto, afinar mucho el lápiz para saber a qué nos referimos cada vez que hablamos de tendencias.

---

[1] Erner G., (2014). *Sociología de las tendencias*. Barcelona, España: Editorial Gustavo Gil.

Las tendencias son cambios de hábitos que inciden de forma duradera en una porción significativa de la sociedad. Su identificación temprana permite el máximo aprovechamiento para fines sociales o de negocios. A partir de estas precisiones podemos ser mucho más rigurosos al utilizar el término *tendencia*, evitando laxitud y relativismos antitécnicos.

La tercera idea es acerca de la relación entre la pandemia y esta obra. Según el sociólogo francés Roland Barthes, el campo más fértil para las tendencias es cuando algo en el entorno-de-la-sociedad cambia drásticamente. Por ello, en medio de la pandemia el equipo de Trendhunting® de Negocios & Estrategias encendió sus motores de búsqueda para identificar hábitos que se estuvieran gestando o cuya adopción se estuviese acelerando.

Identificar un hábito y evaluar su potencial de expansión social es un proceso en el que intervienen decenas de variables. La metodología *Prekthe* de Negocios & Estrategias[2], probada en múltiples ocasiones desde su creación en 2015, nos permitió reducir la enorme lista inicial de nuevas conductas a los 29 hábitos que abordaremos en la primera de las dos partes que componen esta obra.

"Entendiendo a la sociedad se desarrollan mejor los mercados y las empresas innovadoras"

En la primera parte del libro encontrarás siete capítulos o *campus*[3] que contienen 29 hábitos identificados bajo conceptos de Compras, Educación, Salud, Entretenimiento, Dinámicas *in house*, Dinámicas fuera de casa y Elecciones 2021.

En la segunda parte presentamos la metodología de nuestros talleres de Trendhunting, que transforman la información de nuevos hábitos

---

[2] NEGOCIOS & ESTRATEGIAS. (2020). *Trendhunting. Detección temprana de tendencias*. Recuperado el 29 de octubre de 2020 de http://www.negociosyestrategias.com.ec/servicios/#trendhunting
[3] *Campus*, en alusión a la trilogía conceptual *campus, habitus y capital*, acuñada por Pierre Bourdieu, sociólogo francés del siglo XX, precursor de la disciplina del estudio de tendencias.

en ideas viables de negocios. Al leer esta parte verás cómo identificamos los 29 hábitos y la lista de negocios que se pueden derivar de estos, así como también aprenderás a desarrollar por ti mismo o con nuestro acompañamiento tus propios proyectos basados en conductas emergentes.

Vamos finalizando: estos 29 hábitos no son todas las novedades conductuales originadas en la pandemia, sino una selección de las que consideramos más relevantes para entender qué está cambiando y las causas del cambio. Entendiendo a la sociedad se desarrollan mejor los mercados, las empresas innovadoras y los gobiernos con afán de servir a sus mandantes.

Por todo lo anterior, si encuentras alguna información que te es un poco extraña o inverosímil, ponle más atención: tal vez allí esté escondida una prometedora oportunidad de negocios.

Gracias por leer la introducción. Ahora estás totalmente listo –o lista– para sacarle el máximo provecho a nuestro trabajo.

Los 29 hábitos y la forma en que nos cambiaron la vida

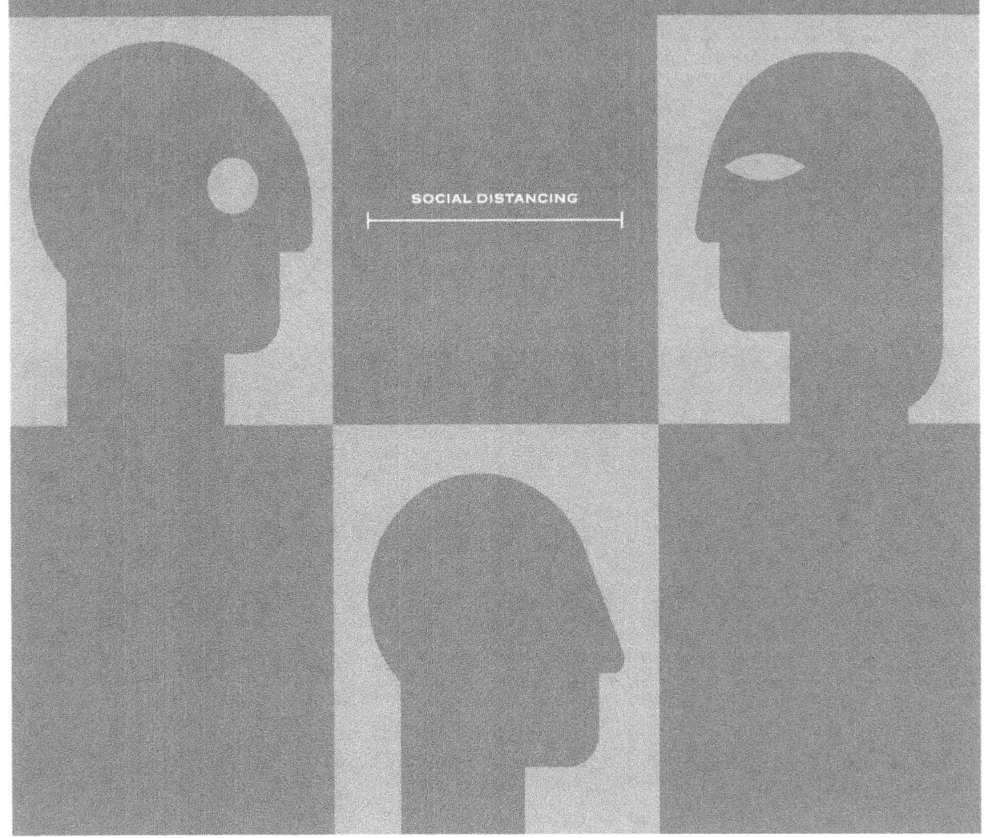

A continuación presentaremos 29 hábitos surgidos o acelerados en tiempos de pandemia, debidamente agrupados en siete *campus*. Cada *campus* inicia con una síntesis de conceptos y el nivel de incidencia percibido; esto último fue identificado a través de una encuesta trabajada en conjunto entre Negocios & Estrategias y *Koala Insights*[4].

¿Por qué 29? Porque en el proceso de análisis que el equipo de Trendhunting® de Negocios & Estrategias llevó a cabo con la metodología Prekthe[5] se definieron esos –y no otros- hábitos. Pudieron haber sido 17, 20 o 35 pero fueron 29. El número rompe con la azucarada costumbre de hacer listas de 10 o de 20 que no siempre obedecen al rigor de la técnica sino al afán de relumbrón.

Los 29 hábitos son presentados en hilos infográficos (ver gráfico 1) que inician con una definición del hábito y su *timing* en el ritmo de inserción en la cotidianidad de las sociedades urbanas latinoamericanas, con especial atención a la realidad ecuatoriana.

Tan importante como la definición del hábito es la identificación de las causas que están motivando su crecimiento, por ello hemos enlistado algunas razones generadoras de cada nueva conducta bajo el subtítulo *reason why*.

El último elemento que verás en la descripción de cada hábito es

[4] Koala Insights, agencia creativa y de marketing digital; forma parte de la red de aliados estratégicos de Negocios & Estrategias. Mayor información http://www.koalainsights.com
[5] Negocios & Estrategias. (2020). *Trendhunting. Detección temprana de tendencias.* Recuperado el 29 de octubre de 2020 de http://www.negociosyestrategias.com.ec/servicios/#trendhunting

una lista –siempre incompleta- de oportunidades de negocios que pueden derivarse de la masiva adopción del hábito identificado. Para el máximo aprovechamiento de la información acerca de los 29 hábitos, te sugerimos ambientarte con el gráfico 1.

Gráfico 1. Cómo aprovechar los 29 hilos infográficos.

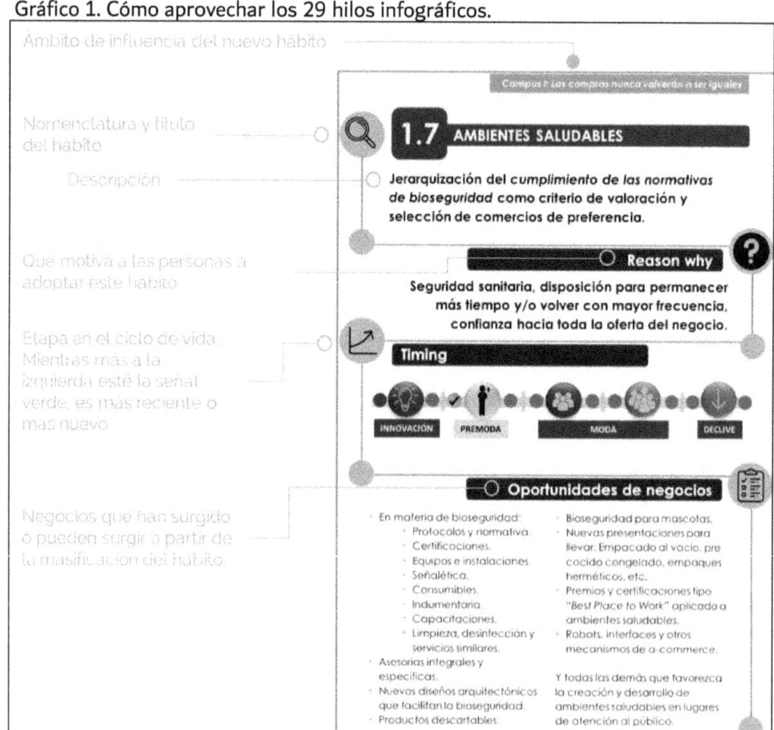

Antes que pases a ver cada uno de los 29 hábitos, echemos una mirada general a la percepción ciudadana acerca de la magnitud de los cambios en cada ámbito o *campus*, según la encuesta conjunta de Negocios & Estrategias y Koala Insights, cuyo resultado principal evidenciamos en el gráfico 2.

Gráfico 2. Magnitud percibida de los cambios. Por campus.

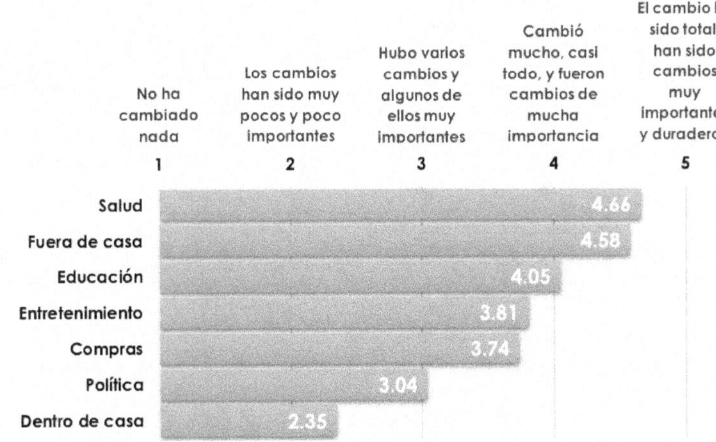

Tipo de estudio: cuantitativo. Técnica: encuesta. Muestra: 400 casos; hombres y mujeres de Quito y Guayaquil, mayores de edad, de nivel de ingresos medio y medio alto/alto. Nivel de confianza: 96.5%; margen de error: +-5%, en ambos casos para los resultados agregados. Muestreo por conglomerados geográficos, de ingresos y de género. Canal: *online*. Por la mayor respuesta de personas jóvenes, los resultados han sido ponderados por edad. Guayaquil incluye Durán y parroquias La Puntilla, de Samborondón, y La Aurora, de Daule. Trabajo conjunto de **Negocios & Estrategias** y **Koala Insights.** 23-26 octubre 2020.

En el gráfico 2 podemos observar que la preocupación por la salud y las interacciones fuera de casa son los *campus* sobre los que la sociedad reconoce más claramente cambios en sus conductas, evaluándolas como *totales, muy importantes y duraderas*. En el otro extremo, las modificaciones ocurridas dentro de las dinámicas familiares se perciben como las de menor magnitud.

Es necesario profundizar en cada ámbito para entender mejor qué abarca cada uno y cómo sacarle provecho a esta información. De eso se trata esta primera parte del libro.

CAMPUS I
/COMPRAS

Las compras

SOCIAL DISTANCING

nunca volverán
a ser iguales

Un hombre no se baña dos veces
en un mismo río, porque ni el hombre
ni el río serán los mismos.

–Heráclito

Para nadie era un misterio que año a año la humanidad estaba desarrollando más procesos digitales para la compra o el acceso a bienes y servicios; sin embargo, la pandemia y el confinamiento iniciado en marzo de 2020 ha exacerbado la velocidad de penetración de lo digital en nuestro día a día.

¿Es la digitalización el único cambio en nuestros hábitos de compra? De ser así, estaríamos tratando un fenómeno enteramente tecnológico, pero hay indicios muy decidores de que los cambios son mucho más diversos y complejos.

Las compras nunca volverán a ser iguales porque nuestra concepción del acto de salir a comprar ha cambiado. Y algunos de nuestros hábitos también.

Paco Underhill, experto en comportamiento de compra y autor de *Por qué compramos*[6] ha declarado recientemente *"la pregunta es qué sucederá cuando no haya nadie del otro lado advirtiéndonos cada 90 segundos que nuestras vidas están en peligro y que corremos el riesgo de infectarnos por la tos de un amigo o de un extraño"*.

Vamos a los contenidos gruesos: a octubre de 2020 estamos volviendo a comprar presencialmente en supermercados, centros comerciales y tiendas departamentales, pero –aquí van las líneas finas- no lo estamos haciendo igual. Tenemos nuevas precauciones, nuevas prioridades, nuevos temores.

[6] Underhill P., (2000). *Por qué compramos*, Barcelona, España: Gestión 2000.

Por si todo lo anterior no fuera suficiente, somos testigos y destinatarios de un *boom* de *apps* de *delivery*, *apps* de compras, publicidad de emprendimientos en redes sociales, empresas que se estrenan en entregas directas a domicilio y un largo etcétera de canales que nos llenan de opciones y nos exponen ante nuevas marcas, nuevos productos y nuevas experiencias de consumo.

Todo es nuevo. Estamos reaprendiendo a comprar. Y las empresas están reaprendiendo a vender.

El proceso, sin embargo, tiene una camisa de fuerza: la crisis económica pospandemia. La oferta se diversifica, crece, se vuelve más amigable, etc., pero la demanda se contrae como producto del desempleo, la reducción de salarios, el cierre de empresas y la reducción del gasto público.

> "Nuestra concepción del acto de salir a comprar ha cambiado"

En los siguientes meses y años vamos a ver la consolidación del *retailteinment*, mucha actividad promocional, conductas solidarias en pro de la compra a productores locales, experimentación con nuevas marcas, desarrollo de nuevas presentaciones, exploración de otros canales de compra, desarrollo del *Automatic Commerce* y del *Social Commerce*, certificaciones de Ambientes Saludables como elemento diferenciador entre una tienda y su competencia, y muchos otros cambios que serán tan notorios como vertiginosos.

En las próximas páginas te presentaremos siete hábitos que –bien sea por nuevos o por modificados- es necesario tenerlos en el radar e incluirlos en los análisis FODA pospandemia para afinar las acciones de marketing.

Las compras nunca volverán a ser iguales. Los compradores ni los vendedores tampoco lo serán. Y los efectos de la pandemia en los momentos de compra están recién empezando a consolidarse.

CUÁNTO HEMOS CAMBIADO LA MANERA DE COMPRAR

Al día de hoy, ¿cuánto ha cambiado la forma de comprar tuya y de tu familia? Nos referimos a lugares de compra, formas de pago, compras *online*, priorización de ambientes saludables, marcas preferidas, etc.

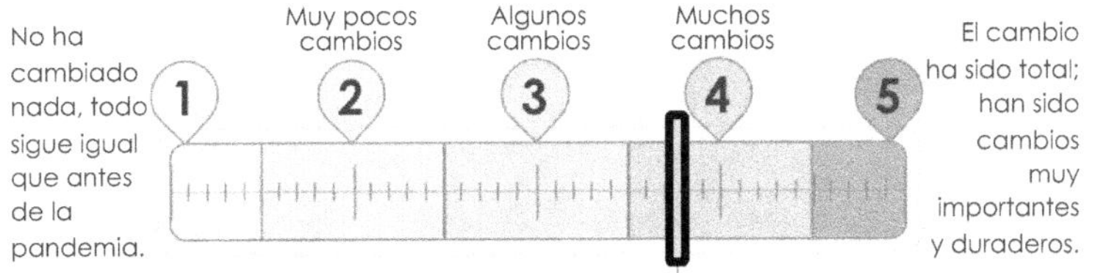

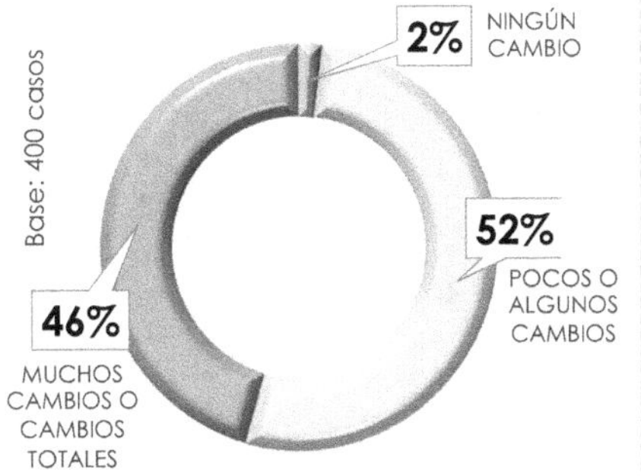

La sociedad evalúa como muchos y muy relevantes sus cambios de hábitos en cuanto a la manera de comprar

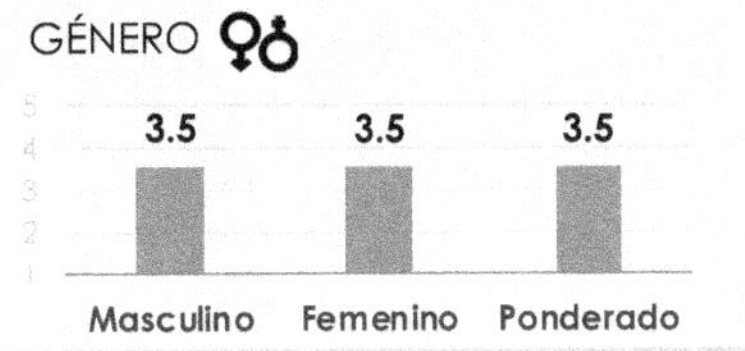

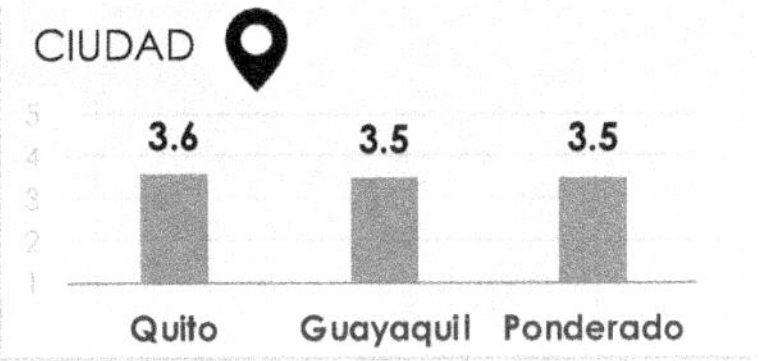

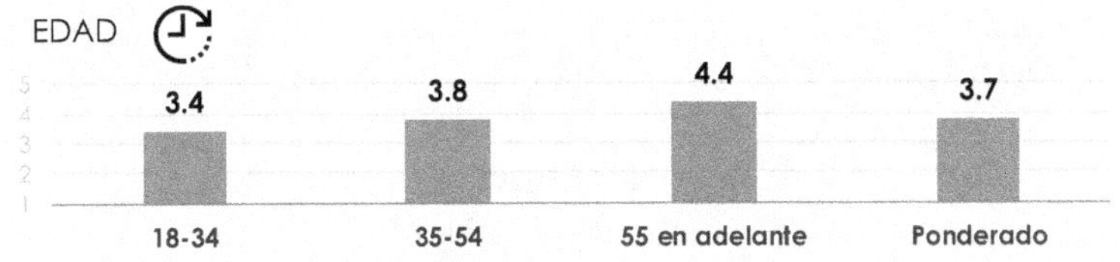

GÉNERO

CIUDAD

EDAD

Tipo de estudio: cuantitativo. Técnica: encuesta. Muestra: 400 casos; hombres y mujeres de Quito y Guayaquil, mayores de edad, de nivel de ingresos medio y medio alto/alto. Nivel de confianza: 96.5%; margen de error: +-5%, en ambos casos para los resultados agregados. Muestreo por conglomerados geográficos, de ingresos y de género. Canal: *online*. Por la mayor respuesta de personas jóvenes, los resultados han sido ponderados por edad. Guayaquil incluye Durán y parroquias La Puntilla, de Samborondón, y La Aurora, de Daule. Trabajo conjunto de **Negocios & Estrategias** y **Koala Insights.** 23-26 octubre 2020.

1
ALL
DELIVERY
2
SOCIAL
COMMERCE
3
A-COMMERCE
4
DINERO
DIRECTO
5
PEQUEÑAS
SUPERFICIES
6
AMBIENTES
SALUDABLES
7
TODOS LOS
AHORROS,
TODOS
COMPRAS

1.1 ALL DELIVERY

Boom de compras *online* de productos que se adquirían siempre de forma presencial. Incluye próxima irrupción de *marketplaces* especializados.

Seguridad física, seguridad sanitaria, comodidad, control y seguimiento, rapidez, soluciones en un solo lugar, compras 24/7.

Timing

Oportunidades de negocios

* Empresas de entrega puerta a puerta, de compras a terceros, conserjería, etc.
* *Apps* de *delivery* para categorías específicas: salud, mascotas, vestuario, etc.
* Negocios que amplían su cobertura con servicio a domicilio.
* Seguros para repartidores y mercadería en tránsito.
* Webs y redes sociales con módulos de *e-commerce*.
* Asesorías en *e-commerce* y *social commerce*.

* Creación de *startups* de especialidad:
  * *Camping* y excursiones.
  * Deportes de nicho.
  * Jardinería.
  * Libros.
  * Maquillaje.
  * Panadería y pastelería.
  * Mascotas.
  * *Merchandising* deportivo.
  * Vinos, café, té.
  * Videojuegos e *e-sports*.

Y todo lo que contribuya a desarrollar el mundo *e-commerce*.

Ejemplos y noticias

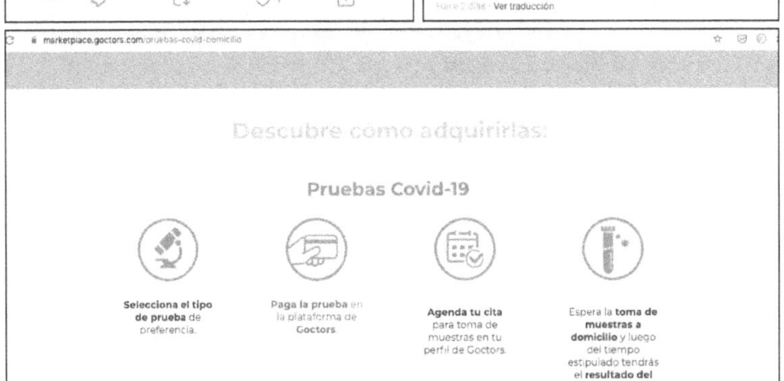

1.2 SOCIAL COMMERCE

Mayor incidencia de las redes sociales en procesos comerciales. El futuro inmediato será la ejecución integral de la compra dentro de la misma red social.

Reason why

Comodidad, inmediatez, seguridad electrónica, confianza en la red social, compra bien informada.

Timing

Oportunidades de negocios

- Creación de *startups* –redes sociales- diseñadas para esta dinámica.
- Nuevos emprendimientos en ambiente de una red social.
- Negocios con pocos *sku's*.
- Asesorías en la implementación del nuevo modelo de negocios.
- *Webinars* de pago sobre implementación de *social commerce*.
- Asesorías y modelos de seguridad electrónica.
- Propiedad intelectual.

- Campañas de promoción y venta en el nuevo canal *social commerce*.
- Diseño gráfico y audiovisual.
- *Community management* y *social commerce management*.
- Servicios bancarios y financieros asociados al *social commerce*.
- Especialistas en servicios complementarios: métricas, programación, etc.

Y todo lo demás que tú creas que puede coadyuvar a desarrollar un negocio dentro de una red social.

Ejemplos y noticias

Compras en favoritos

En las próximas semanas Facebook comenzará a hacer pruebas para ofrecer un sólo lugar donde las personas puedan descubrir, compartir y comprar productos. Actualmente están testeando este recursos con un pequeño grupo de negocios en Estados Unidos que también están probando la sección de Compras en sus Páginas.

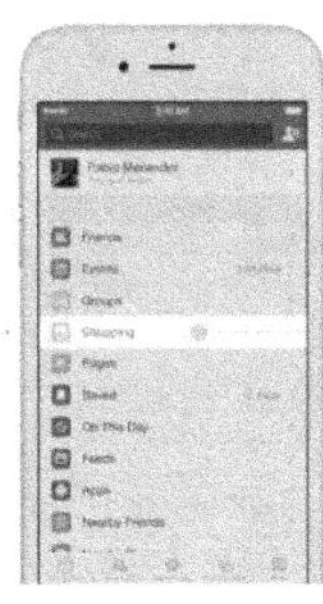

Mediante cada uno de estos formatos, desde productos de anuncios como carrusel, formato dinámico y los nuevos anuncios, la meta del gigante es facilitar el proceso para que las personas descubran nuevos productos en su móvil y generen mejores resultados para los negocios.

1.3 A-COMMERCE

Incremento de las interacciones con interfaces digitales, *stands* inteligentes, robots o soluciones similares para automatizar compras y servicio.

Reason why

Seguridad sanitaria, rapidez en la compra, comodidad, pago seguro, automatización de lo cotidiano.

Timing

Oportunidades de negocios

- Robótica.
- Programación y mantenimiento de *hardware* y *software*.
- Diseño de *stands* operados con *a-commerce*.
- Monitoreo y reabastecimiento de *stands* de *a-commerce*.
- *Apps* 'mayordomo' que automatizan tareas del hogar, agenda personal, etc.
- Nuevos emprendimientos que operen sin equipo de ventas.
- Creación e implementación de nuevos mecanismos de automatización del servicio.

- Asesorías en implementación y operación.
- Georreferenciación y *big data* a partir de información levantada en *el a-commerce*.
- Servicios bancarios asociados al *a-commerce*.
- Nuevas formas de pago electrónico.
- Seguridad electrónica.

Y todas las demás alternativas que puedas descubrir a partir de una estrategia de *a-commerce*.

Ejemplos y noticias

md marketingdirecto.com

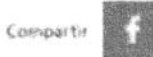

La inteligencia artificial llega a los supermercados para sustituir la función de los cajeros por reconocimiento facial

Esta nueva tecnología creada a través de la inteligencia artificial conseguirá que ir al supermercado cambie de forma revolucionaria: pasar por caja no será necesario para pagar los productos escogidos.

PIONEROS EN AVANCES TECNOLÓGICOS
EN EL SERVICIO A SUS CLIENTES

> **CAJAS AUTO PAGO**

> **ROBOTS CON INTELIGENCIA ARTIFICIAL PARA CONTROL DE ESTANTERÍAS**

> **PAGO EXPRESS, ¡ESCANEA, PAGA Y LISTO!**

1.4 DINERO DIRECTO

Aumento de las expectativas por simplificar las transferencias monetarias a través de WhatsApp, SMS y aplicaciones no-bancarias.

Reason why

Inmediatez, simplificación de procesos, rapidez, seguridad electrónica, seguridad sanitaria, control.

Timing

Oportunidades de negocios

- Apps y plataforma de pago para dinero electrónico.
- Ventas por redes sociales.
- Ventas multinivel.
- Activaciones de marca que incorporan facilidades de pago.
- Comercios que incorporan esta forma de pago y mejoran el servicio.
- Negocios que amplían cobertura a zonas rurales o sectores de bajos ingresos.
- Ferias y mercaditos artesanales que facilitan la compra.

- Estudios de receptividad y viabilidad.
- Campañas de comunicación para difundir las nuevas plataformas o su adopción por parte de comercios.
- Servicios bancarios.
- Georreferenciación y *big data*.
- Acciones de *crowdfunding*.

Y todas las demás que tú creas que puede ayudar a facilitar las experiencias de uso monetario sin pasar por el banco y sin el uso de dinero físico.

Ejemplos y noticias

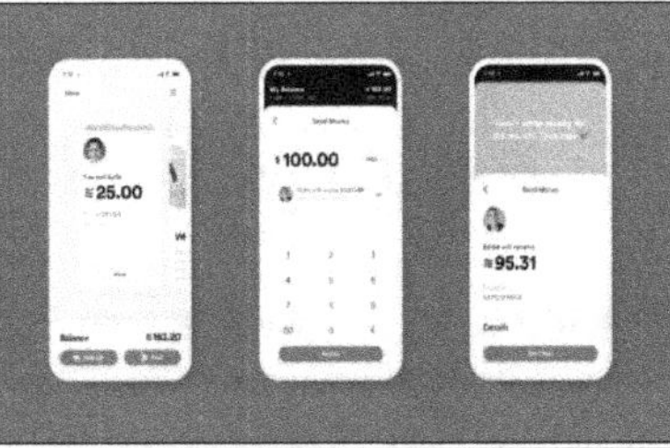

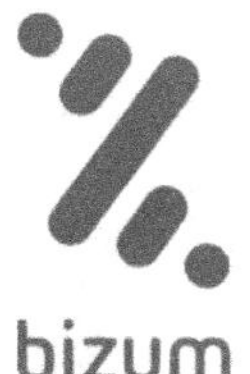

Las tendencias de los pagos digitales que quieren acabar el efectivo

Escaneo de códigos QR y aplicaciones que eliminan los datáfonos son algunas de las modalidades.

1.5 PEQUEÑAS SUPERFICIES

Mayor valoración hacia comercios de formatos medianos y pequeños, cercanos a casa y poco concurridos; también *marketplaces* especializados.

Seguridad sanitaria, rapidez, practicidad, ahorro, compras día a día, conocer a quien le vende, sentirse en comunidad, comodidad.

Timing

Oportunidades de negocios

- Supermercados formato mediano y barrial.
- Tiendas de conveniencia.
- Tiendas de barrio que se transforman en autoservicios.
- Equipamiento y tecnología para tiendas de barrio.
- Remodelaciones y visual *merchandising*.
- *Branding* para tiendas y minimarkets.
- Alquiler y venta de locales para comercios pequeños y medianos.
- Modelos de distribución B2C.

- Nuevas marcas que ingresan a canales más amigables.
- Servicios de *delivery* barrial.
- *Startups* tipo tiendas especializadas en productos de nicho: deportes, libros, maquillaje, mascotas, vino, café, panadería, etc.
- Alianzas de pequeños comercios con artesanos.

Y todas las demás que ayuden a desarrollar autoservicios de todo tipo de productos, en formatos medianos y barriales.

Ejemplos y noticias

Fotografía tomada en Riobamba donde se han
implementado tiendas en los garajes

1.6 AMBIENTES SALUDABLES

Jerarquización del cumplimiento de las normativas de bioseguridad como criterio de valoración y selección de comercios de preferencia.

Seguridad sanitaria, disposición para permanecer más tiempo y/o volver con mayor frecuencia, confianza hacia toda la oferta del negocio.

Timing

Oportunidades de negocios

- En materia de bioseguridad:
  - Protocolos y normativa.
  - Certificaciones.
  - Equipos e instalaciones.
  - Señalética.
  - Consumibles.
  - Indumentaria.
  - Capacitaciones.
  - Limpieza, desinfección y servicios similares.
- Asesorías integrales y específicas.
- Nuevos diseños arquitectónicos que facilitan la bioseguridad.
- Productos descartables.

- Bioseguridad para mascotas.
- Nuevas presentaciones para llevar: empacado al vacío, pre cocido congelado, empaques herméticos, etc.
- Premios y certificaciones tipo *"Best Place to Work"* aplicado a ambientes saludables.
- Robots, interfaces y otros mecanismos de *a-commerce*.

Y todas las demás que favorezcan la creación y desarrollo de ambientes saludables en lugares de atención al público.

Ejemplos y noticias

La bioseguridad es la prioridad en Supermercados Santa María

Por Andrea Martínez

Viernes 29 de mayo de 2020, a las 19.33

Regresamos a una nueva normalidad y los ecuatorianos debemos cuidarnos unos a otros para acabar con la enfermedad del Covid-19. El compromiso de mantener medidas de seguridad a donde vayamos es responsabilidad de todos, mucho más donde nos abastecemos de alimentos y otros productos.

Es así que **SUPERMERCADOS SANTA MARÍA** aplica un protocolo precisamente pensando en la seguridad de sus clientes, trabajadores y proveedores.

1.7 TODOS LOS AHORROS, TODOS

Variación de lugares de compra, frecuencia, marcas, presentaciones y todo lo de más que sea necesario para ahorrar sin sacrificar cantidad.

Reason why

Ahorro, conservación del nivel de consumo, priorización de gastos, seguridad financiera, tranquilidad familiar, alimentación estable.

Timing

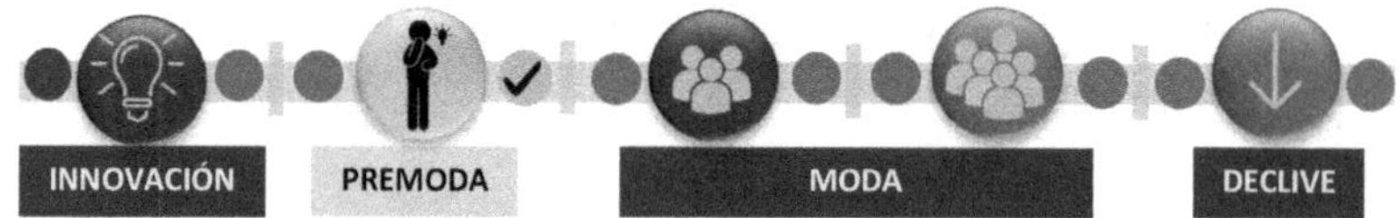

Oportunidades de negocios

* Ventas a domicilio.
* Ventas directas tipo B2C.
* Comercios en formatos barriales, más cerca de casa, para la compra día a día.
* Negocios en ferias, mercados y locaciones rurales.
* Marcas de baja gama orientadas a la clase media.
* Productos con nuevas relaciones precio-valor.
* Nuevas presentaciones: pequeñas para las compras día a día o grandes para estimular el ahorro por gramo.

* Diseño de nuevo *packaging*.
* Promociones y otros estímulos comerciales.
* Planes de fidelidad.
* Tours de compras a locaciones convenientes.
* Asesorías financieras familiares.
* Gestión de créditos y cobranzas.
* Asesorías comerciales y de marketing.

Y todas las demás que permitan hacer *match* entre los presupuestos familiares y la oferta de una empresa.

Ejemplos y noticias

EL PAÍS @el_pais · 5 nov.

"Incluso si en marzo de 2021 volviéramos por arte de magia a la situación de antes de la pandemia, quienes han sufrido la crisis harán elecciones de consumo, trabajo, educación y ahorro diferentes. Habrá una generación marcada por esta crisis"

"Asumir que todo será igual tras la pandemia es un error"
La catedrática de Berkeley Ulrike Malmendier cree que el trauma de la crisis promoverá el ahorro, desincentivará a los emprendedores ...
elpais.com

Educación: De los pupitres a la asincronicidad

Acercaos al borde, les dijo.
Tenemos miedo, respondieron.
Acercaos al borde, les dijo.
Se acercaron, él los empujó...
Y salieron volando.

–Guillaume Apollinaire

El Covid-19 puso, de un día a otro, a miles de millones de estudiantes en el mundo a recibir clases desde casa, con todas las alteraciones al *statu quo* familiar y pedagógico que esto implicó.

"Que esto implicó", anotamos antes. Implicó y seguirá implicando.

Lo que han hecho la mayor parte de los establecimientos educativos de Ecuador y otros países de Latinoamérica ha sido pasar el aula de clase a una plataforma digital, lo cual ha sido tan rápido, pero tan antitécnico como llevar a un cochero (de carruajes, se entiende) a conducir un Fórmula 1.

El mundo *online* tiene sus propias dinámicas que es necesario entender para volver funcionales los contenidos y procesos que se habilitan en una plataforma virtual. Esto aplica para el llenado de un formulario, para una *app* de compras o para el proceso educativo.

Diane Elkins y Desirée Pinder, en *E-learning fundamentals*[7] exploran las ventajas y desventajas de la educación por medios digitales y ponen singular énfasis a la asincronicidad en el proceso de enseñanza-aprendizaje.

La asincronicidad, en palabras de las autoras, se da *"cuando el docente y los estudiantes comparten los mismos contenidos educativos, pero no necesariamente al mismo tiempo"*.

Imagina una clase de Geografía acerca de los continentes, sus

[7] Elkins D., Pinder D., (2015). *E-learning fundamentals*, Alexandria, Virginia, USA: ATD Press.

fronteras, océanos, mares y demás. En el modo presencial, se llevaría a cabo con mapas físicos en clase. En el modo *online* sincrónico, el profesor debería compartir su pantalla para mostrar –por una sola vez– algún mapa disponible en sus materiales. En el modo asincrónico el profesor podría grabar o animar un vídeo con muchas herramientas tecnológicas y subirlo a una nube para que los estudiantes puedan verlo –y disfrutarlo– una y otra vez.

La educación asincrónica acelerará el desarrollo de empresas de contenidos educativos audiovisuales (como fueron las editoriales), plataformas *web* privadas, *softwares* de monitoreo y evaluación, etc.

No pretendemos afirmar que la educación presencial desaparecerá, pero tampoco creemos que sea la única vía; nuestra posición como *trendhunters* es la de detectar cambios relevantes y atisbar sobre lo que podría ocurrir con ellos.

En otros campos educativos –tercer nivel, cuarto nivel y educación continua– la asincronicidad tiene ganados ya muchos más espacios y en el futuro inmediato los seguirá ganando y consolidando.

> "La educación asincrónica acelerará el desarrollo de empresas de contenidos educativos audiovisuales"

A continuación te presentaremos tres nuevos hábitos relacionados a la educación; tan importante como la descripción de los hábitos *per se* es la lista de negocios que pueden generarse alrededor de ellos. Realmente para eso es que sirven los estudios de Trendhunting.

Una variable más: el problema del acceso a Internet en los hogares pobres. En Ecuador solo el 46% de los hogares[8] cuenta con ese servicio en casa. ¿Cuánto se ampliarán las brechas educativas entre ricos y pobres en el futuro si la educación *online* sigue creciendo, como parece ser lo más probable?

---

[8] INEC. (2019). *Tecnologías de Información y Comunicación*. Recuperado el 20 de octubre de 2020 de https://www.ecuadorencifras.gob.ec/tecnologias-de-la-informacion-y-comunicacion-tic/

CUÁN DIFERENTE ES LA EDUCACIÓN AHORA

Al día de hoy, ¿cuánto ha cambiado la forma de educarse, tanto en ti como en tu familia? Nos referimos a clases *online* o presenciales, cursos de capacitación profesional, tutoriales y *lives* de nuevos conocimientos, etc.

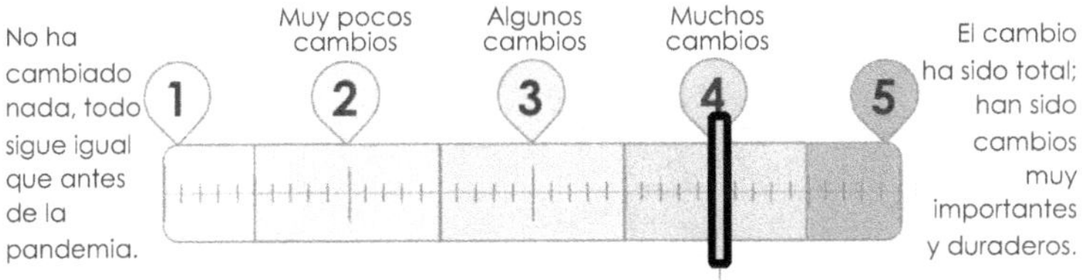

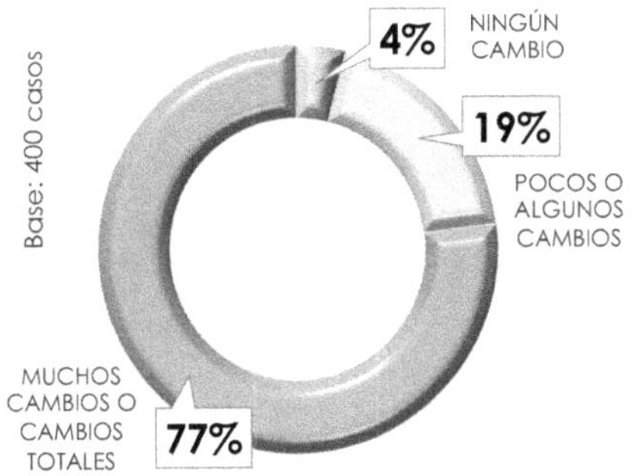

PROMEDIO PONDERADO EDUCACIÓN

4.05

Los cambios en materia de educación son numerosos e importantes, en especial para menores de 35 años.

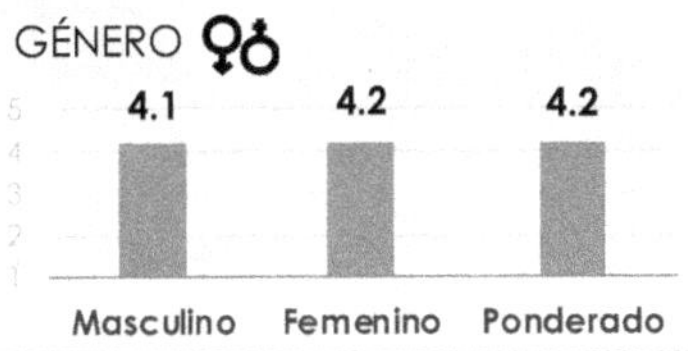

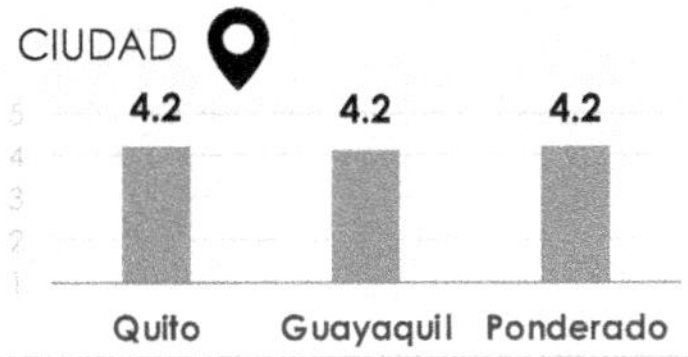

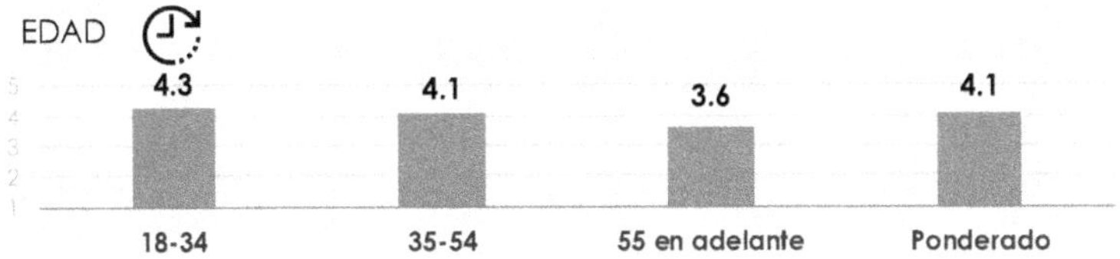

Tipo de estudio: cuantitativo. Técnica: encuesta. Muestra: 400 casos; hombres y mujeres de Quito y Guayaquil, mayores de edad, de nivel de ingresos medio y medio alto/alto. Nivel de confianza: 96.5%; margen de error: +-5%, en ambos casos para los resultados agregados. Muestreo por conglomerados geográficos, de ingresos y de género. Canal: *online*. Por la mayor respuesta de personas jóvenes, los resultados han sido ponderados por edad. Guayaquil incluye Durán y parroquias La Puntilla, de Samborondón, y La Aurora, de Daule. Trabajo conjunto de **Negocios & Estrategias** y **Koala Insights.** 23-26 octubre 2020.

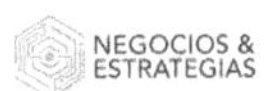

1
ONLINE, PERO NO
AL MISMO TIEMPO

EDUCACIÓN

2
LUZ,
MÁS LUZ

3
FUENTES
ABIERTAS

2.1 ONLINE, PERO NO AL MISMO TIEMPO

Formato de educación *online* en el que docente y estudiantes no siempre se conectan en simultáneo. Clases y materiales suelen alojarse en una *'nube'*.

Reason why

Seguridad sanitaria, manejo de los tiempos propios, menos gastos de movilización, mayor control parental, formación en responsabilidad.

Timing

Oportunidades de negocios

- Plataformas *online* privadas.
- Materiales didácticos digitales.
- Equipos de tecnología.
- Servicio de Internet para nuevos mercados.
- Tutoría *online* o presencial.
- *Apps* para encontrar tutores *online* por especialidades.
- Ampliación de la cobertura geográfica de los servicios educativos.
- Ambientación de espacios en el hogar.
- Actividades extracurriculares *online* y *offline*.

- Capacitaciones a profesores.
- Profesores internacionales.
- Empresas de desarrollo de materiales didácticos digitales.
- Estudios de grabación para creación de materiales digitales.
- Eventos intercolegiales *online*.
- Asesorías sobre la gestión del cambio.

Y todo lo demás que pueda facilitar el estudio *online*, en particular en primaria y secundaria bajo formato asincrónico.

Ejemplos y noticias

Cómo afrontan las universidades el desafío de la educación virtual en tiempos de pandemia

Docente en línea.com

Las Aulas OnLine de docenteenlinea.com están destinadas igualmente para el uso de empresas y organizaciones, que deseen utilizar estas herramientas para el desarrollo de diversas actividades, tales como: conferencias relacionadas con procedimientos laborales, desarrollo de tareas conjuntas, comunicaciones internas, seminarios de inducción al nuevo personal, capacitación, adiestramiento a clientes, etc.

Ventajas de docenteenlinea.com

→ Reduce notablemente los costos de la formación, ya que se evita el alquiler de salones, la compra o alquiler de medios audiovisuales, la reproducción de Materiales Didácticos, el gasto de papel y otros insumos en la realización de los trabajos, etc.
→ Se eliminan los desplazamientos, del tutor y de los participantes.
→ Amplia notablemente el alcance de la capacitación, dando mayores posibilidades a los que se encuentran alejados de los centros de formación, incluso, en otras provincias o países.
→ Permite gestionar y desarrollar acciones formativas en todos los lugares y desde cualquier lugar.

Requerimientos técnicos

Adicionalmente a contratar el plan, es necesario adquirir un kit para impartir la capacitación desde la ubicación del instructor:

Kit del instructor

Opcion 1. Kit con camara:
Incluye:
→ Camara web de alta resolución
→ Soporte para camara Web
→ Microfono inalambrico
→ Soporte en instalación y configuración del kit.

Notas:
→ Esta opcion requiere disponer de un tablero antireflejo
→ Este valor se cancela una unica vez por cada aula

Opcion 2. Kit con lapicero electrónico :
Incluye:
→ Boligrafo Digital
→ Soporte en acrilico porta hojas
→ Microfono inalambrico
→ Soporte en instalacion y configuracion del kit.

Notas:
→ Esta opción no requiere tablero convencional
→ Este valor se cancela una unica vez por cada aula

Fuentes de imágenes y fotografías disponibles en páginas 148 a 152

2.2 LUZ, MÁS LUZ

Mayor búsqueda, valoración y compra de programas de aprendizaje y actualización para adultos a través de entornos digitales.

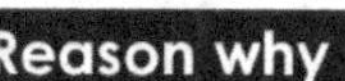

Reason why

Sentido de la excelencia, necesidad de actualización, entornos internacionales a bajo costo, facilidades de horario, autoestima.

Timing

Oportunidades de negocios

- Plataformas *online* privadas.
- Materiales didácticos digitales.
- Mentorías.
- Internacionalización de la oferta de educación de tercer nivel, de cuarto nivel y de formación continua.
- Profesores internacionales.
- *Startups* de consolidación de oferta educativa y de formación continua.
- Estudios de grabación para desarrollo de materiales digitales audiovisuales.
- Venta y alquiler de equipos de grabación y complementos.

- Dirección y producción audiovisual.
- *Infoproductos* desarrollados por profesionales no-académicos.
- Ambientación, equipamiento y decoración de espacios en casa.
- Equipos tecnológicos.
- Mejoramiento de planes de Internet.

Y todo lo demás que permita el aprendizaje continuo y el desarrollo en los ámbitos académicos, personales y profesionales.

Ejemplos y noticias

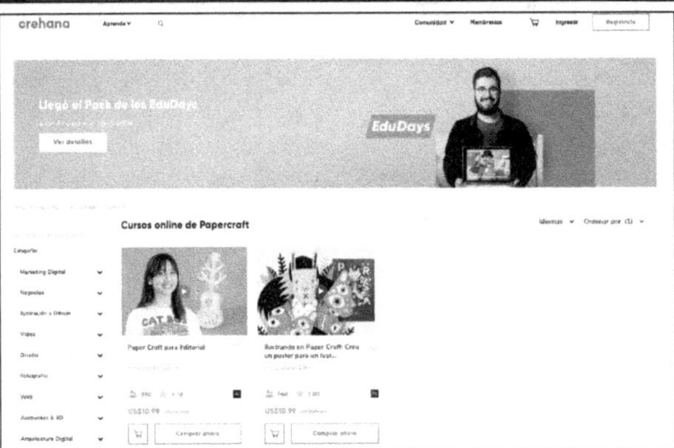

2.3 FUENTES ABIERTAS

Compartición abierta de información de actualidad, metodologías, casos de éxito y otros saberes que antes se ofrecían como servicios de pago.

Reason why

Exposición de la marca personal o de la corporativa, *networking*, autoestima.

Timing

Oportunidades de negocios

- Plataformas *online* privadas.
- Materiales didácticos digitales.
- Mentorías.
- Estudios de grabación para desarrollo de materiales digitales audiovisuales.
- Venta y alquiler de equipos de grabación y complementos.
- Dirección y producción audiovisual.
- *Media training*.
- Aprender para emprender.
- Exposición de profesionales capacitados pero con escaso reconocimiento.

- *Infoproductos* institucionales.
- *Infoproductos* desarrollados por profesionales no-académicos.
- Servicios de *social media management* y complementarios.
- Equipos tecnológicos.
- Ambientación de espacios en casa.

Y todo lo demás que facilite que la compartición de un conocimiento llegue a una audiencia amplia e idónea.

Ejemplos y noticias

Fuentes de imágenes y fotografías disponibles en páginas 148 a 152

La salud, tesoro de los sobrevivientes

La primera riqueza es la salud.
-Ralph W. Emerson

Con más de 30 mil fallecimientos por encima de los ocurridos en Ecuador el año anterior, la pandemia del Covid-19 ha revolucionado el imaginario social acerca de la salud y todo lo que se relaciona con ella. Las cifras fácticas y oficiales[9] nos relevan de cualquier polémica sobre la magnitud de los efectos letales de la enfermedad.

Hay, sin embargo, otros efectos, que van desde cómo nos alimentamos hasta –tal vez– cómo decidamos el voto en las próximas elecciones. Y todo ello en función de la salud.

En estudios de Trendhunting® de Negocios & Estrategias de años precedentes, ya veníamos comentando acerca de la vuelta a lo natural en la alimentación, de la jerarquización de lo no-procesado y del escalamiento que iban logrando los *superfoods*, que son alimentos con altos aportes funcionales al metabolismo humano.

Esa apreciación por lo natural ya iba en velocidad crucero antes de la pandemia; hoy ha acelerado a fondo.

El cambio mayor, sin embargo, no es en la velocidad de adopción del hábito, sino en su *reason why*: antes se buscaba comer más saludablemente para no hacerse daño con exceso de procesados, hoy se persigue fortalecer el sistema inmunológico.

Esa búsqueda de fortalecer la respuesta inmunológica incluye vitaminas, sueros y, por supuesto, suplementos como los ofrecidos por

[9] REGISTRO CIVIL ECUADOR. (2020). *Cifras defunciones*. Recuperado el 15 de octubre de 2020 de https://www.registrocivil.gob.ec/cifras/

varias empresas de ventas multinivel.

Salud, sin embargo, es mucho más que alimentación y vitaminas. Es también la normalización del uso de mascarillas y todo tipo de protección individual, medidas de bioseguridad, estándares de tales medidas, cánones de interacción social, etc.

El panorama es más amplio y complejo si consideramos que, además de todo lo anterior, cobra mayor importancia la adquisición de seguros privados de salud y, dependiendo de la conciencia social y política, aquello se dará en conjunto con nuevos ejercicios de valoración de la Salud Pública y de los servicios de salud de la seguridad social como un derecho universal.

En general para toda la ciudadanía, y en particular para los familiares y amigos de las más de 30 mil personas fallecidas en exceso en Ecuador en tiempos de pandemia, la perspectiva que se tiene desde la condición de persona sana hacia todas las aristas del tema de la salud ha cambiado rotundamente.

La salud se ha constituido en el tesoro de los sobrevivientes; un tesoro que muchos – muchos más que antes- querrán conservar tomando precauciones que antes estaban fuera de las conductas cotidianas.

> "El futuro que nos espera será de mucha mayor atención a la salud y de mucha mayor conciencia de nuestras vulnerabili-dades"

Hemos sintetizado los cambios más relevantes en tres conceptos que cubren las temáticas del aseguramiento público y privado, la alimentación y el consumo de servicios médicos.

Mientras tanto, el futuro que nos espera –independientemente de cuándo terminen las alarmas por el Covid-19 y cuándo lleguen las alarmas de otra enfermedad de similar alcance- será de mucha

mayor atención a la salud y de mucha mayor conciencia de nuestras vulnerabilidades inmunológicas y de la importancia de la respuesta estatal institucionalizada que necesitamos y merecemos.

El *campus* de la higiene y la salud es percibido como el que más cambios ha producido en el día a día de la sociedad. Esos cambios nos han marcado para siempre y producirán muchas oportunidades de negocios, nuevas narrativas políticas y nuevos valores sociales, corporativos, personales, etc.

CUÁNTO HEMOS MODIFICADO LA PERCEPCIÓN DE SALUD

Al día de hoy, ¿cuánto han cambiado los hábitos de higiene y de salud preventiva en ti y en tu familia? Nos referimos a las prácticas de aseo personal, de asistir a lugares concurridos, acudir al médico, etc.

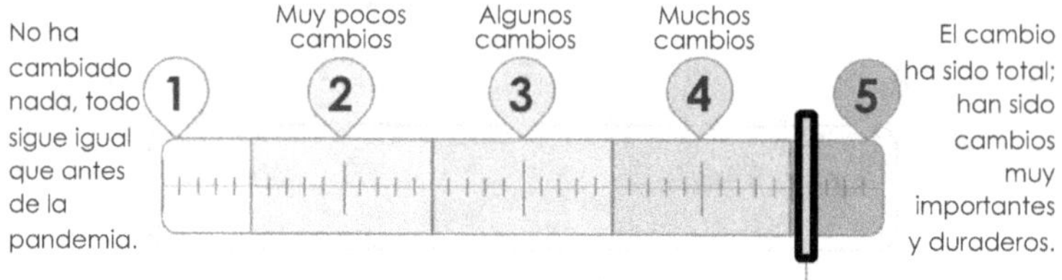

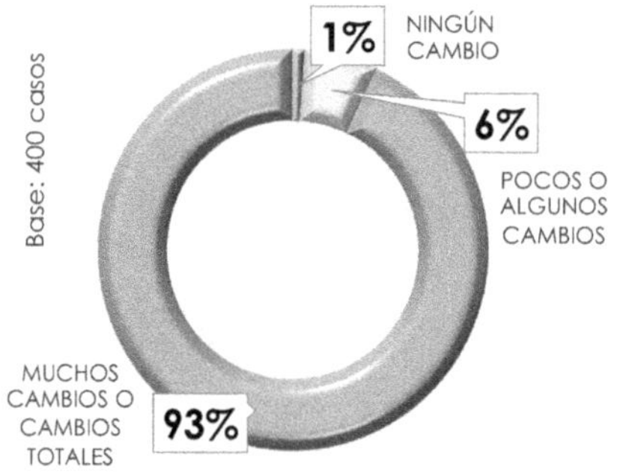

Los cambios en materia de salud, higiene y profilaxis son considerados como exhaustivos y duraderos.

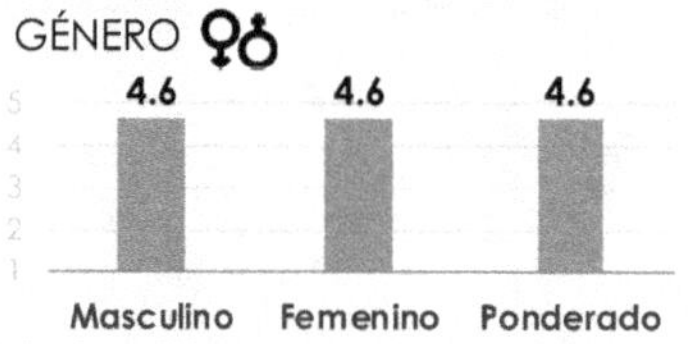

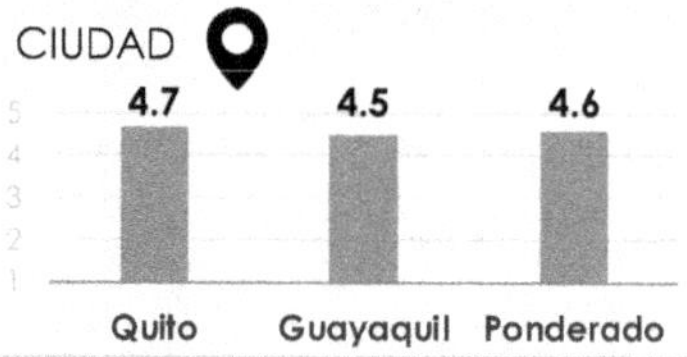

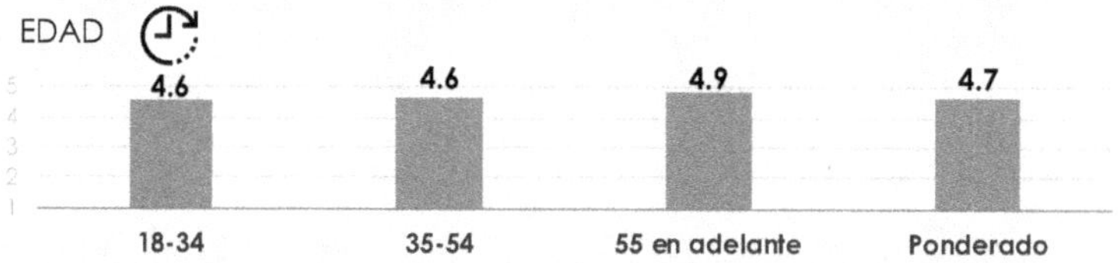

GÉNERO

Masculino	Femenino	Ponderado
4.6	4.6	4.6

CIUDAD

Quito	Guayaquil	Ponderado
4.7	4.5	4.6

EDAD

18-34	35-54	55 en adelante	Ponderado
4.6	4.6	4.9	4.7

Tipo de estudio: cuantitativo. Técnica: encuesta. Muestra: 400 casos; hombres y mujeres de Quito y Guayaquil, mayores de edad, de nivel de ingresos medio y medio alto/alto. Nivel de confianza: 96.5%; margen de error: +-5%, en ambos casos para los resultados agregados. Muestreo por conglomerados geográficos, de ingresos y de género. Canal: *online*. Por la mayor respuesta de personas jóvenes, los resultados han sido ponderados por edad. Guayaquil incluye Durán y parroquias La Puntilla, de Samborondón, y La Aurora, de Daule. Trabajo conjunto de **Negocios & Estrategias** y **Koala Insights**. 23-26 octubre 2020.

NUTRICIÓN PARA LAS DEFENSAS

EL SEGURO PARA VIVIR SEGUROS

ALERTA, TENGO TOS

3.1 NUTRICIÓN PARA LAS DEFENSAS

Priorización de alimentos y tipos de preparación de los mismos que coadyuven al fortalecimiento del sistema inmunológico.

Reason why

Salud, seguridad sanitaria, cuidado de la familia, recuerdos lamentables de la pandemia.

Timing

Oportunidades de negocios

- Alimentos orgánicos y agroecológicos.
- Alimentos funcionales.
- *Superfoods*.
- Probióticos y fermentados.
- Vitaminas y minerales.
- Cadenas y multiniveles de productos de la tendencia.
- Ferias de productos naturales.
- Granjas *in house*.
- Educación en nutrición.
- Profesionales en nutrición.
- Asesorías nutricionales para empresas y colegios.
- Certificaciones nutricionales.

- *Delivery* de productos de la tendencia.
- Restaurantes con oferta de platos con ingredientes que fortalecen el sistema inmunológico.
- Productos procesados con ingredientes idóneos.
- Agroturismo con componente de educación en nutrición.

Y todo lo demás que pueda ayudar a la comercialización de productos como los descritos anteriormente.

Ejemplos y noticias

3.2 EL SEGURO PARA VIVIR SEGUROS

Mayor valoración de los servicios de aseguramiento de la salud, tanto privados como públicos o mixtos.

Reason why

Seguridad sanitaria, prevención de riesgos y emergencias, prevención financiera, tranquilidad, memoria colectiva de los efectos de la pandemia.

Timing

Oportunidades de negocios

- Empresas y *brokers* de seguros de salud y de vida.
- Planes de aseguramiento nacionales e internacionales para nuevos segmentos de mercado.
- Servicios legales en relación a litigios con aseguradoras.
- Nuevas especialidades en planes de aseguramiento de salud.
- Planes de aseguramiento con profesionales homeopáticos.
- Ampliación de áreas de atención en hospitales.

- *Apps* de búsqueda de servicios de aseguramiento de la salud.
- Nuevos canales y modelos de venta de seguros de salud.
- Hospitales y centros médicos privados que desarrollan sus propios modelos de aseguramiento de salud.
- Profesionales médicos acceden a clientes de aseguradoras.

Y todo lo demás que tú puedas crear para garantizar el cuidado de la salud ante una emergencia.

Ejemplos y noticias

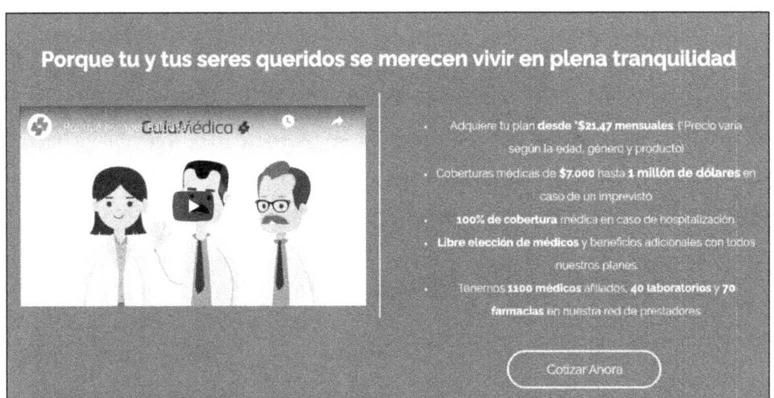

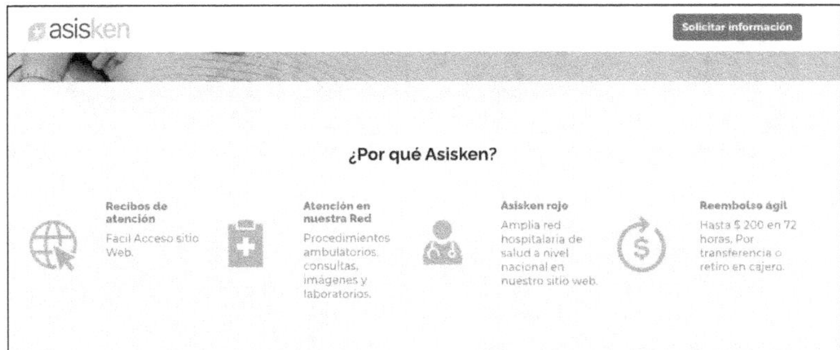

3.3 ALERTA, TENGO TOS

Alta disposición para acudir a una consulta profesional ante síntomas que antes pasaban desatendidos o se resolvían con automedicación.

Reason why

Prevención de riesgos y emergencias, tranquilidad en tiempos de incertidumbre, protección de la familia, temor a un rebrote de la pandemia.

Timing

Oportunidades de negocios

- Servicios médicos a domicilio y servicio de ambulancia.
- Seguros de salud.
- *Apps* de servicios de salud homeopática.
- Centros privados de salud.
- Centros especializados de salud y servicios a domicilio.
- Telemedicina.
- Equipos de monitoreo de signos vitales.
- *Apps* de monitoreo de actividad física, sueño y signos vitales.
- Salud emocional.

- Enfermería y servicios paramédicos.
- *Apps* de servicios de enfermería, cuidado de ancianos, etc.
- Combos de chequeos preventivos.
- Pruebas Covid-19.
- Vacunas Covid-19.
- Productos que fortalezcan el sistema inmunológico.

Y todo lo demás que pueda facilitar a la prevención y tratamiento pronto de enfermedades.

Ejemplos y noticias

AGS&B
@agsb_bilbao

#LoMásDestacado Así funciona 'The Blue Box', un dispositivo que permitirá a las mujeres realizarse una prueba de cáncer de mama en casa

Así funciona 'The Blue Box', un dispositivo que permitirá a las...
'The Blue Box' es un dispositivo biomédico desarrollado por la ingeniera española Judit...
europapress.es

Las casas

nunca fueron tan divertidas

Fue el tiempo que pasaste con tu rosa lo que la hizo tan importante.

–Antoine de Saint–Exupéry,
El Principito.

Las casas han dejado de ser ese lugar de apuradas rutinas de lunes a viernes en el que apenas desayunábamos a contrarreloj y al que volvíamos a la noche a cenar, bañarnos y dormir. Casi un hotel.

Ese 'hotel' se convirtió, durante los meses más duros de la cuarentena, en el lugar donde trabajamos, estudiamos y, de manera muy especial, el lugar donde ahora podemos entretenernos muchas horas al día.

Desde el año 2016, los estudios de Trendhunting® de Negocios & Estrategias tenían identificado el desarrollo de actividades de entretenimiento dentro de casa, pero es en tiempos del confinamiento de 2020 que se activó una mayor velocidad de adopción del hábito.

El hábito al que hacemos referencia es, en realidad, un conjunto de hábitos que incluye la compra de contenidos por *streaming*, juegos de mesa *online*, *e-sports*, cenas sofisticadas pedidas desde *apps*, cenas y platillos preparados en casa, *home gym*, entre muchas otras formas de entretenimiento.

Una reciente publicación de Euromonitor International[10] en referencia la tema que aquí tratamos, incluyó lo siguiente: *"Una epidemia sin precedentes ha obligado a los consumidores a permanecer en sus hogares, ha reducido sus gastos y ha impulsado*

[10] EUROMONITOR INTERNATIONAL. (junio de 2020). *The Coronavirus Era: "Hometainment" and the new experiential consumer.* Recuperado el 31 de octubre de 2020 de https://www.euromonitor.com/the-coronavirus-era---hometainment--and-the-new-experiential-consumer/report Traducción libre.

un cierto moralismo en torno a la seguridad y el abastecimiento. La socialización y la [auto]indulgencia, sin embargo, son necesidades humanas básicas, impermeables a las órdenes de bloqueo, que crean grandes oportunidades para las empresas capaces de brindar verdadera indulgencia y conexión en el hogar".

Aunque muchas restricciones se han flexibilizado y la oferta de ocio fuera de casa se va rehabilitando, muchas familias descubrieron las bondades del *home entertainment* y lo siguen y seguirán practicando al menos como una alternativa para sus tiempos libres.

Estamos de frente a la consolidación de un segmento psicográfico de proporciones relevantes que quiere construirse un mundo sin multitudes en el que pueden satisfacer sus necesidades de socialización y autoindulgencia con actividades dentro de casa. Son los más conservadores y los más sensibles en tiempos de pospandemia.

En las siguientes páginas presentaremos cuatro hábitos de entretenimiento en casa que se crearon o se exacerbaron durante los meses de la cuarentena. Todos ellos formarán parte de la sociedad en el futuro inmediato y demandarán gastos, reformulación de prioridades e incluso nuevos valores.

> "Muchas familias descubrieron las bondades del home entertainment y lo siguen y seguirán practicando"

No podemos dejar de destacar el futuro de los *e-sports*. Este rubro de negocios se potencia porque toma lo mejor los entornos competitivos contemporáneos, lo une con el auge de lo digital y, a partir de la pandemia, con las prácticas de aislamiento y distanciamiento. Y mueve millones de dólares.

Así que si tienes un hijo o hija que no se despega de su consola de juegos, piensa bien antes de restringírselo. Tal vez estés frente al Lio Messi de los *e-sports* y no te estás dado cuenta.

CUÁNTO HA VARIADO EL ENTRETENIMIENTO

Al día de hoy, ¿cuánto han cambiado las actividades de entretenimiento tuyas y de tu familia? Nos referimos a las salidas a comer, ir a bares y discotecas, los conciertos, el cine, el deporte dentro o fuera de casa, etc.

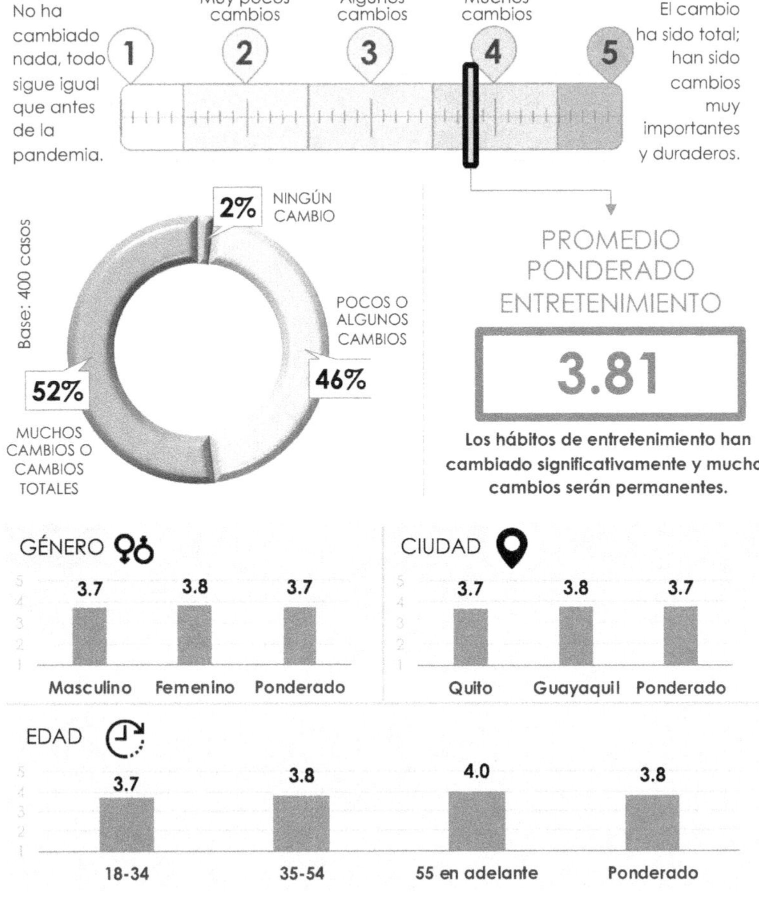

Tipo de estudio: cuantitativo. Técnica: encuesta. Muestra: 400 casos; hombres y mujeres de Quito y Guayaquil, mayores de edad, de nivel de ingresos medio y medio alto/alto. Nivel de confianza: 96.5%; margen de error: +-5%, en ambos casos para los resultados agregados. Muestreo por conglomerados geográficos, de ingresos y de género. Canal: *online*. Por la mayor respuesta de personas jóvenes, los resultados han sido ponderados por edad. Guayaquil incluye Durán y parroquias La Puntilla, de Samborondón, y La Aurora, de Daule. Trabajo conjunto de **Negocios & Estrategias** y **Koala Insights.** 23-26 octubre 2020.

CASAS DIVERTIDAS

1

HOME ENTERTAINMENT

2

EN CASA SABE MÁS RICO

3

HOME GYM

4

E-SPORTS

4.1 HOME ENTERTAINMENT

Redefinición de la casa como un espacio-tiempo que incluye de forma preferente actividades de entretenimiento *online* y presenciales.

Seguridad sanitaria, seguridad física, ahorro, comodidad, versatilidad, conexión con personas de otros países.

Timing

Oportunidades de negocios

- Transmisión vía *streaming* de:
    - Obras de teatro.
    - *Stand up comedy*.
    - Campeonatos de e-sports.
    - Campeonatos de juegos de mesa.
    - Serenatas.
- Ambientación temática de las casas para eventos de alta expectativa: *UEFA Champions League*, Eliminatorias al Mundial Catar 2022, etc.
- *Delivery* de cocteles exóticos.
- Catas de licores *online*.

- *Catering* con ambientación temática.
- Alquiler y venta de juegos inflables para niños.
- Parrillas y utensilios de cocina.
- Ambientación de nuevos espacios de entretenimiento en casa.
- Equipos, consolas, sonido, etc.

Y todo lo demás que ayude a resolver la necesidad de entretenimiento sin salir de casa.

4.1 HOME ENTERTAINMENT

Ejemplos y noticias

4.2 EN CASA SABE MÁS RICO

Creciente preferencia de quedarse a comer en casa, bien sea por el desarrollo del *delivery* o por un nuevo *hobbie*: la gastronomía.

Reason why

Bioseguridad, seguridad física, ahorro, autoestima, nuevos aprendizajes, nuevas experiencias, socialización, comodidad.

Timing

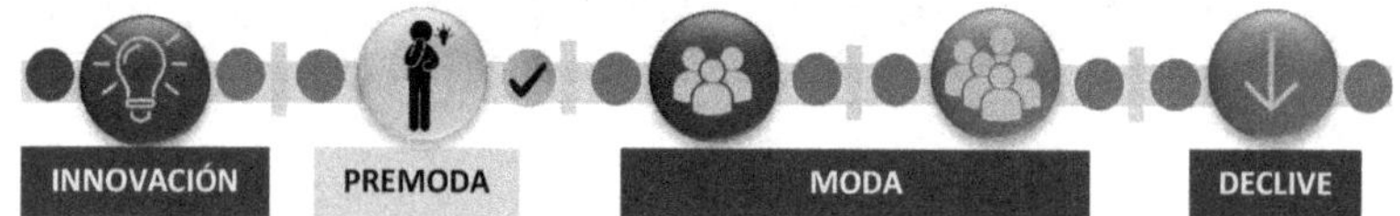

Oportunidades de negocios

- *Catering* bajo pedido.
- *Delivery* de restaurantes sofisticados.
- *Delivery* de cocteles exóticos.
- Decoración y ambientación con temática gastronómica.
- *Apps* de venta de ingredientes gourmet, recetas y demás.
- Nuevos productos gastronómicos: *boxes*, canastas, *ready to eat*, pre cocidos, empacados al vacío, etc.
- Catas y degustaciones.
- Shows gastronómicos.

- *Masterclass*, festivales y otros contenidos digitales gastronómicos.
- Cursos específicos de barismo, coctelería, fermentados, enología, etc.
- Equipamiento de cocinas.
- Obras civiles para mejorar espacios de cocina y sociales.
- Limpieza de casa del día después.

Y todo lo que tú creas que puede complementar la experiencia gastronómica dentro de casa.

4.2 EN CASA SABE MÁS RICO

Ejemplos y noticias

Adéntrese en la sabiduría de más de 16 millones de usuarios

Tome una foto y obtenga toda la información disponible sobre el vino

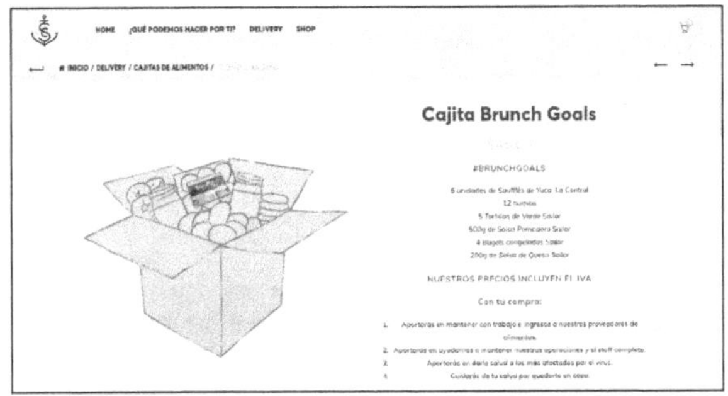

HOME   ¿QUÉ PODEMOS HACER POR TI?   DELIVERY   SHOP

INICIO / DELIVERY / CAJITAS DE ALIMENTOS /

Cajita Brunch Goals

#BRUNCHGOALS

6 unidades de Savifflés de Yuca La Central
12 humitas
5 Tortillas de Verde Sailor
600g de Salsa Pomodoro Sailor
4 Bagels congelados Sailor
200g de Salsa de Queso Sailor

NUESTROS PRECIOS INCLUYEN EL IVA

Con tu compra:

1. Aportarás en mantener con trabajo e ingresos a nuestros proveedores de alimentos.
2. Aportarás en ayudarnos a mantener nuestras operaciones y al staff completo.
3. Aportarás en darle salud a los más afectados por el virus.
4. Cuidarás de tu salud por quedarte en casa.

Semana (Ecuador)

Anfitriones de buen gusto

ES UNA GENERACIÓN DE HOMBRES QUE SIEMPRE HA EXISTIDO, MAS AHORA EL MARKETING LOS ETIQUETÓ COMO GASTROSEXUALES, TÉRMINO QUE GUSTA A MUY POCOS Y AHUYENTA A OTROS.

27 agosto 2017   Romina Ximena Delgado ximena@semana.com.ec

SENTADOS en el comedor, el dueño de casa sirve una ensalada de peras grilladas (a la parrilla), queso azul, salsa de miel y vinagre balsámico. Luego vienen langostinos y pulpo al grill con chimichurri de albahaca y almendras, todo esto acompañado con una copa de vino tinto. Se le hizo agua la boca, ¿verdad? Pues este festín, entre otros, lo puede elaborar un gastrosexual. Un gastro... ¿qué? Un hombre que cocina como chef de restaurante, pero no lo es; alguien detallista para comprar los ingredientes, prepararlos y servir una buena mesa. Pero no termina allí: ellos completan el momento con una conversación tan apetecible como sus platos. Son de agenda apretada, por la profesión que desempeñan (no vinculada a la gastronomía), como Iván Sierra, experto en marketing, quien se da tiempo para preparar comida gourmet y así agradar los paladares de sus invitados: familia, amigos, pareja y a sí mismo, principal característica de esta casta varonil, 'bautizada' en el 2009 por la Future Foundation, de Londres, consultora líder en identificar tendencias, la misma que los describió como una tribu urbana que gusta de experimentar de la cocina y haya placer en hacerlo, de clase media-alta, cosmopolita y culta. En dicho estudio también se determinó que cocinar era parte del arte de seducir, que un varón en la cocina es más sexy. Y a Billy Giraldo, publicista, actor y modelo, le ha ido bien, ya que reconoce que la cocina le ha funcionado tanto en el cortejo como la reconciliación. Son hombres que cuando recorren el mundo recrean los platos que degustaron. Así lo hace Andrés Seminario, experto en comunicación y relaciones públicas, quien toma de su minihuerto lo necesario para sus recetas. Recurren a videos, cursos, eventos gastronómicos, a la experimentación... a todo, con tal de hacer memorable el momento para sus comensales. Esas son las vías de aprendizaje del arquitecto Fernando Delgado, quien cuida cada detalle, sobre todo la parte nutricional. Una particularidad con la que coincide la nutricionista Diva Sotomayor, quien re-

4.3 HOME GYM

Creación de espacios idóneos para prácticas deportivas en casa, generalmente con algún tipo de guianza o acompañamiento telemático.

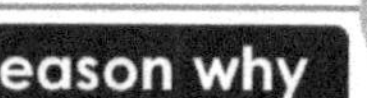

Reason why

Bioseguridad, ahorro, optimización del tiempo, calmar la ansiedad, autoestima, salud, mantener el ritmo de competencia, comodidad.

Timing

Oportunidades de negocios

- Alquiler y venta de máquinas y equipos deportivos.
- Servicios de instalación de máquinas y equipos.
- Obras civiles.
- Implementos deportivos.
- Indumentaria y protección.
- Relojes deportivos.
- *Apps* y contenidos digitales de rutinas de ejercicios, recetas, recomendaciones, etc.
- Delivery de *smoothies*, proteínas y otros productos para potenciar el rendimiento.
- Nuevos deportes.

- Clases online.
- Entrenamiento personalizado.
- Plataformas para clases en línea.
- Implementos para transmisiones audiovisuales.
- Producción audiovisual.
- Planes de comida saludable.
- Asesorías nutricionales.
- Formación de nuevas comunidades.

Y todo lo que pueda servir para crear un espacio para prácticas deportivas dentro de casa.

Ejemplos y noticias

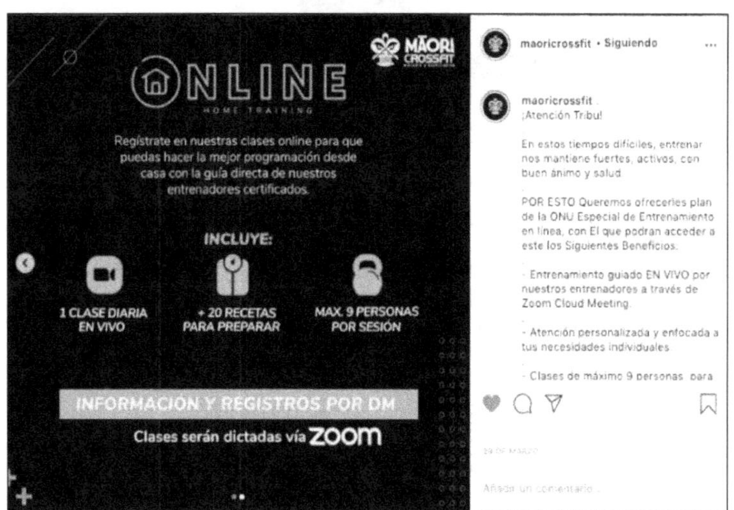

4.4 E-SPORTS

Rápido crecimiento de la práctica y de la afición a los videojuegos en calidad de deporte y de actividad económica del ramo del *show business*.

Entretenimiento, competencia, nuevos ingresos, autoestima, socialización, pertenencia a nuevas comunidades, identificación.

Timing

Oportunidades de negocios

- Organización de torneos.
- Producción de campeonatos, exhibiciones y *open house*.
- *Sponsoring*.
- *Personal branding* de jugadores.
- Coberturas periodísticas.
- Espacios y programas en medios de comunicación.
- Viajes y coberturas.
- Creación de clases directivas y federativas.
- Premios y bonificaciones para jugadores y equipos.
- Servicios de entrenamiento.

- Vinculación de clubes y entidades deportivas.
- Gestión del marketing deportivo.
- Equipos tecnológicos y complementarios.
- Creación y gestión de locaciones para *e-sports*.
- Ambientación de espacios en casa.

Y todo lo demás que pueda ayudar a desarrollar una actividad en el ámbito del *show business* y del *sport business*.

Ejemplos y noticias

GameFest alista su quinta edición en el Budokan 2019, en Guayaquil

VIDEOJUEGOS | 11 de noviembre, 2019 - 21h00

Los esports, también conocidos como deportes electrónicos, son competencias de videojuegos entre jugadores profesionales que, gracias a juegos como **Call of Duty**, estrenado en octubre de 2003 o títulos más actuales como **Fortnite**, se han convertido en jornadas de gran popularidad.

Quienes intervienen en estos torneos suelen ser conocidos como **'gamers'**, término anglosajón para definir a videojugadores que se caracterizan por jugar con gran dedicación y tener una gama diversificada de conocimientos sobre distintas consolas y videojuegos.

En el Puerto Principal, durante el sábado 16 y domingo 17 de noviembre, se espera acoger aproximadamente a 12 000 de estos aficionados a la realidad virtual en la quinta edición del GameFest 2019, que se llevará a cabo en la sexta convención de anime y cómic Budokan Guayaquil.

Al menos así lo prevé **Henry Hill, creador de BrooTv, la plataforma comunitaria de esports** en el país con 14 000 suscriptores en Facebook y organizador del torneo de videojuegos que se llevará a cabo dentro del Budokan por segundo año consecutivo.

CAMPUS V
/IN HOUSE
Nuevas dinámicas
SOCIAL DISTANCING
in house
Cuando ya no somos capaces
de cambiar una situación,
nos encontramos ante el desafío
de cambiarnos a nosotros mismos.
-Viktor Frankl

La dinámica normal de una familia antes de la pandemia incluía poco tiempo de plena compartición entre todos los miembros del hogar en el mismo espacio físico. Todo eso cambió hasta su extremo opuesto a partir del inicio de la cuarentena.

"Pasamos, de casi no vernos durante el día, a vernos las 24 horas. Nos convertimos en familia 24/7", nos dijeron en un abordaje telemático que el equipo de Trendhunting® de Negocios & Estrategias realizó durante el confinamiento.

Lo más interesante no es la drasticidad del cambio sino sus consecuencias.

No es igual para un adolescente de 13 o 14 años de edad, tener su vida entre el colegio, su casa, sus amigos y sus responsabilidades educativas, que tenerla dentro de casa con sus padres todo el día a su lado y sus amigos igualmente confinados.

No es igual tampoco para un matrimonio en crisis, compartir unas pocas horas, que compartir en pareja las 24 horas del día durante semanas y semanas. Tal cantidad de tiempo juntos en algunos casos coadyuvó a encontrar soluciones, en otros estimuló las discrepancias y hasta exacerbó la violencia intrafamiliar.

Innegablemente las dinámicas familiares cambiaron y esos cambios incluyeron la redistribución del espacio físico de la casa para facilitar el teletrabajo, la educación *online*, el *home gym* y otras nuevas

actividades. Así mismo, aparecieron nuevos roles y responsabilidades para los miembros del hogar: cocinar, cuidar a los adultos mayores, cuidar a los nietos, sacar la basura, contribuir a la limpieza de la casa, etc.

Valores como la solidaridad, la empatía y el trabajo en equipo pudieron haber sido especialmente cultivados en esos tiempos.

Los nuevos hábitos no siempre reemplazan a los anteriores, a veces se les añaden, los enriquecen y coexisten. La vuelta progresiva a las actividades en horarios como los de antes no borrará las experiencias ni los aprendizajes ni los traumas vividos en cuarentena.

> "El crecimiento de la pobreza es un enorme generador de cambios en las dinámicas casa adentro"

Es imperioso tener en cuenta que las nuevas dinámicas familiares se han producido y se van a consolidar en medio una crisis económica muy dura. En Ecuador se estima un decrecimiento de la economía[11] de al menos el 10% en 2020, mientras que el *empleo adecuado*[12] se ha situado en apenas 32%. A nivel regional, un estudio de UNICEF[13] con énfasis en las condiciones de la niñez en Latinoamérica, concluyó que la cantidad de niños bajo el nivel de pobreza ha crecido de 72 a 87 millones a causa de la pandemia.

El crecimiento de la pobreza es un enorme generador de cambios en las dinámicas casa adentro. No hay cómo soslayarlo.

¿Es posible desarrollar negocios y nuevas políticas públicas en entornos de crisis como el actual? Siempre es posible. Y en estos tiempos es, además, altamente deseable.

---

[11] CEPAL. (julio de 2020). *Enfrentar los efectos cada vez mayores del COVID-19*. Recuperado el 20 de octubre de 2020 de https://repositorio.cepal.org/bitstream/handle/11362/45782/4/S2000471_es.pdf
[12] INEC. (octubre de 2020). *ENEMDU*. Recuperado el 26 de octubre de 2020 de https://www.ecuadorencifras.gob.ec/empleo-septiembre-2020/
[13] UNICEF. (julio de 2020). *Impacto del COVID-19 en niños, niñas y adolescentes de América Latina y el Caribe*. Recuperado el 01 de noviembre de 2020 de https://www.unicef.org/lac/media/14376/file/UNICEF_LACRO_COVID19_impacto.pdf

CUÁN DIFERENTES SON LAS DINÁMICAS DENTRO DE CASA

Al día de hoy, ¿cuánto ha cambiado la vida dentro de casa? Nos referimos a nuevas actividades, participación en tareas del hogar, interacción con miembros de la familia, creación de nuevos espacios, nuevos hobbies, etc.

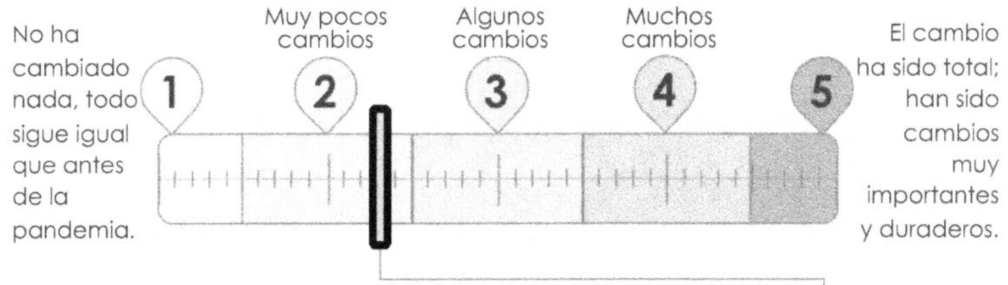

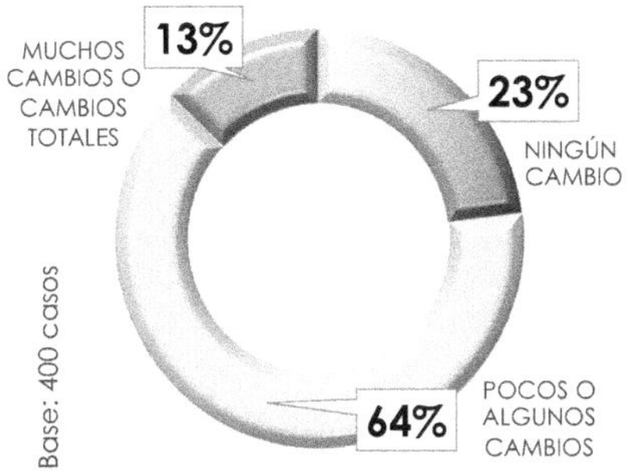

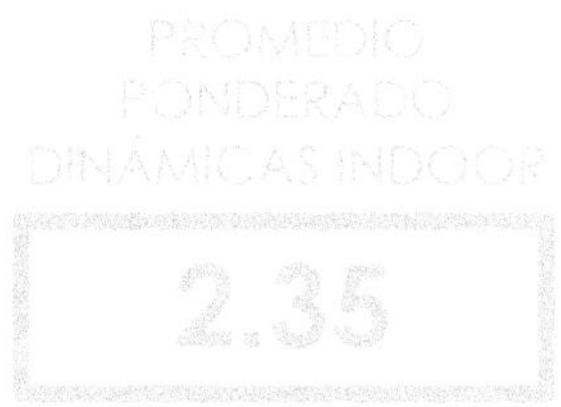

Los cambios en dinámicas del hogar han sido moderados y más percibidos por hombres y por mayores de 55 años.

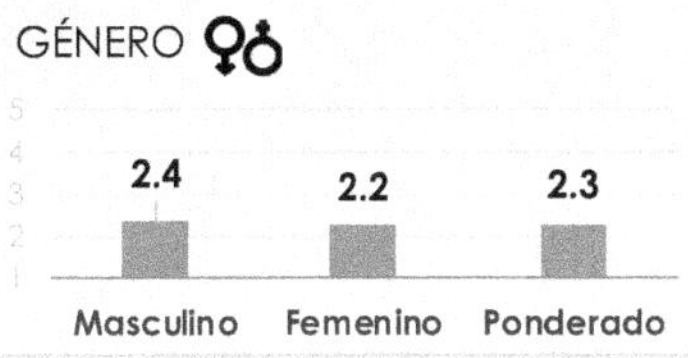

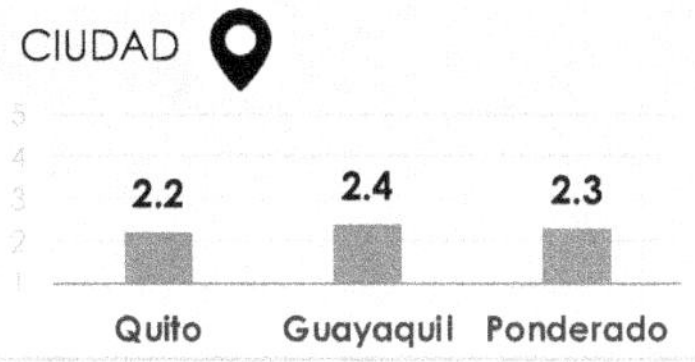

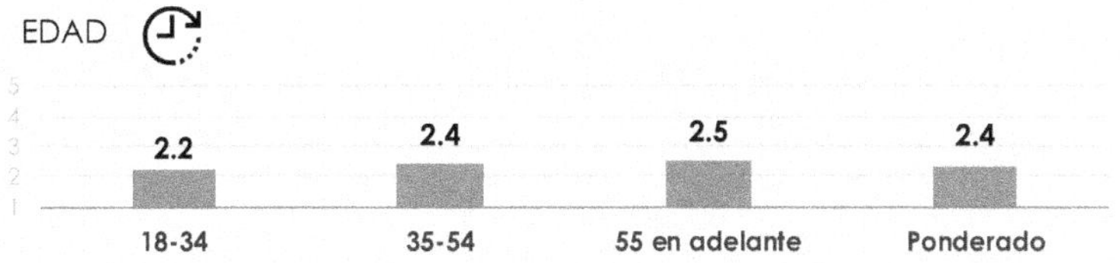

Tipo de estudio: cuantitativo. Técnica: encuesta. Muestra: 400 casos; hombres y mujeres de Quito y Guayaquil, mayores de edad, de nivel de ingresos medio y medio alto/alto. Nivel de confianza: 96.5%; margen de error: +-5%, en ambos casos para los resultados agregados. Muestreo por conglomerados geográficos, de ingresos y de género. Canal: *online*. Por la mayor respuesta de personas jóvenes, los resultados han sido ponderados por edad. Guayaquil incluye Durán y parroquias La Puntilla, de Samborondón, y La Aurora, de Daule. Trabajo conjunto de **Negocios & Estrategias** y **Koala Insights.** 23-26 octubre 2020.

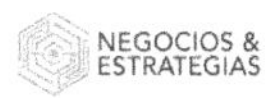

NUEVOS ESPACIOS

NUEVOS ROLES

ABUELOS TECNOLÓGICOS

5.1 NUEVOS ESPACIOS

Creación y ambientación de las viviendas para albergar nuevas actividades como teletrabajo, educación *online*, *hobbies*, emprendimientos, etc.

Reason why

Productividad, confort, seguridad sanitaria, desarrollo de nuevas habilidades, eficiencia en el uso del tiempo, nuevos ingresos.

Timing

Oportunidades de negocios

- Nuevos diseños arquitectónicos.
- Remodelaciones y obra civil.
- Diseño y decoración de interiores.
- Mobiliario para nuevas actividades.
- Instalación de equipos tecnológicos, deportivos, maquinaria, etc.
- Luminotecnia y equipos para *streaming*: luces, pantallas, *backings*.
- Negocios derivados de *hobbies*.

- Herramientas y utensilios.
- Docencia, tutorías, mentorías y otras formas de compartición remunerada de conocimientos *online*.
- Espacios de *coworking* en zonas residenciales.
- Espacios tipo *coworking* para estudiantes (*costudying*).

Y todo lo demás que tú creas que puede ayudar a ambientar las casas para las nuevas actividades que ahora se desarrollan en ellas.

Ejemplos y noticias

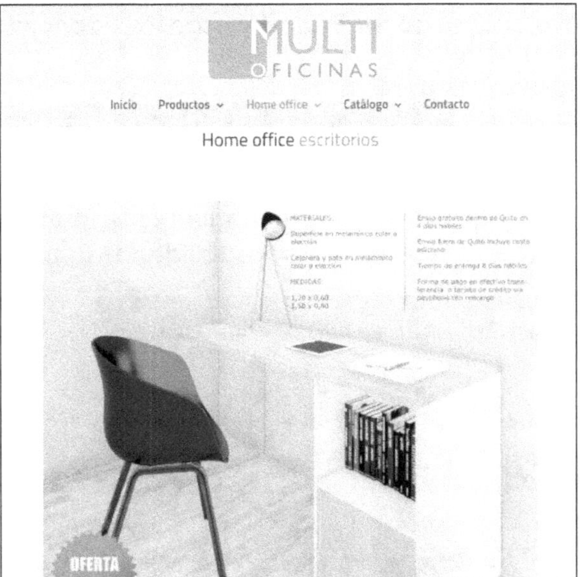

5.2 NUEVOS ROLES

Nuevas tareas y responsabilidades modifican las dinámicas familiares debido al mayor tiempo en casa, mayor conectividad y escasez económica.

Reason why

Armonía familiar, ahorro, seguridad sanitaria, necesidad de generar ingresos, formación en valores, responsabilidades con terceros.

Timing

Oportunidades de negocios

- Tutorías académicas, *online* y presenciales.
- Juegos y materiales didácticos y autodidácticos.
- Productos e implementos de limpieza y conservación del hogar.
- Herramientas, materiales y otros bienes para el desarrollo de *hobbies* y negocios dentro de casa.
- Educación *online* en todos los niveles.
- Cuidado de adultos mayores, niños y mascotas.

- *Apps* para desarrollar el mercado de asistentes del hogar y cuidados especiales.
- Transporte seguro de personas.
- Cámaras y servicios de seguridad y monitoreo del hogar.
- Terapias psicológicas.
- Terapias varias para la salud emocional de la familia.

Y todo lo demás que puede servir para complementar y facilitar las nuevas tareas y responsabilidades dentro del hogar.

Ejemplos y noticias

19 de abril de 2020 00:00

Tareas laborales, escolares y del hogar se mezclan en cuarentena

16716

María Mercedes Valencia trabaja junto a su hijo Julián y también supervisa sus tareas. Foto: Diego Pallero / El Comercio

Fuentes de imágenes y fotografías disponibles en páginas 148 a 152

5.3 ABUELOS TECNOLÓGICOS

Aceleración del fenómeno prepandemia de la inserción de adultos mayores a las nuevas matrices de información y comunicación.

Reason why

Seguridad física, seguridad sanitaria, comunicación, unión familiar, entretenimiento, autoestima, interacción social.

Timing

Oportunidades de negocios

- Juegos y materiales didácticos y autodidácticos *online* para adultos mayores.
- *Apps* de entretenimiento.
- *Apps* de monitoreo de la salud.
- Productos naturales.
- Formación en habilidades tecnológicas.
- Implementos tecnológicos para favorecer el monitoreo de parte de familiares.
- Herramientas, materiales y otros bienes para el desarrollo de *hobbies* dentro de casa.
- Transporte seguro de personas.

- Diseños y tiendas de ropa actual para adultos mayores.
- Gimnasios y locaciones deportivas.
- Entrenamiento y *coaching* personalizado *online* o presencial; también a domicilio.
- Alimentación, dieta y suplementos para el deporte en la tercera edad.
- Eventos sociales y deportivos.

Y todo lo demás que pueda ayudar a adultos mayores a llevar una vida activa y segura.

Ejemplos y noticias

El primer diccionario tecnológico para abuelos

CAMPUS VI
/OUTDOOR
Fuera de casa
SOCIAL DISTANCING
ya nada es igual
Yo soy yo y mi circunstancia,
y si no la salvo a ella, no me salvo yo.
–José Ortega y Gasset

Solo con asomarse a la ventana se puede ver que nada es igual: hay menos personas en las calles, todas llevan mascarillas, en muchos lugares te toman la temperatura al ingresar, etc.

Las dinámicas en el trabajo cambiaron. También en restaurantes, teatros, transporte público, etc. Todo cambió.

Cada vez que salimos de casa nosotros también cambiamos. Nos adaptamos. Más allá de las normativas, somos seres gregarios en los que prima el instinto de supervivencia. Por eso imitamos conductas para asegurar nuestra pertenencia a un grupo social, y por eso también procuramos cumplir la bioseguridad y nos sobresaltamos cuando alguien tose o estornuda en nuestro entorno.

Así es como estamos yendo a trabajar. Así es como salimos ahora de compras y como tomamos un taxi. Y, cada vez que salimos de casa, nos parecemos más al yo de ahora que al de antes.

El teletrabajo, que ya existía antes de la pandemia y que se volvió muy común durante la cuarentena, ahora se modula hacia magnitudes más 'reales'. Sin embargo no desaparecerá.

Susan Hayter, asesora técnica de la Organización Internacional del Trabajo[14], afirma *"la idea de que ha llegado el fin de la oficina es ciertamente exagerada. La Organización Internacional del Trabajo estima que el 27% de los trabajadores en los países de altos ingresos*

[14] NOTICIAS ONU. (junio de 2020). *¿Ha llegado el teletrabajo para quedarse?* Recuperado el 5 de agosto de 2020 de https://news.un.org/es/story/2020/06/1475242

podrían teletrabajar desde su casa. Esto no significa necesariamente que seguirán trabajando a distancia".

Hayter se refiere también a economías latinoamericanas: *"El problema es que, como tomará tiempo el desarrollo de las condiciones idóneas para el teletrabajo, se haga sentir de inmediato el impacto negativo del aumento del desempleo. Las desigualdades en la capacidad de preparación digital pueden frenar aun más a los países a la hora de aprovechar estas oportunidades".*

Es muy probable que muchas empresas adopten formatos mixtos y que la normativa laboral regule con mayor precisión los derechos de los trabajadores en estos ámbitos. Esto último es altamente necesario.

> "Cada vez que salimos de casa nos parecemos más al 'yo' de ahora que al de antes"

Hay más. La movilidad, por ejemplo, será diferente. Ya es diferente: la búsqueda de condiciones más saludables de movilidad hace que muchas familias prioricen el uso de vehículos propios por sobre el transporte público, con todas las consecuencias que esto implica para el tránsito y el ambiente. Eso explica parte del crecimiento de las ventas de motocicletas, reportado por el portal ecuatoriano Primicias[15] en junio de 2020. Otras fuentes consultadas por Negocios & Estrategias ratifican la tendencia.

En medio de tantos cambios, están también los emprendimientos surgidos de los *hobbies* desarrollados durante la cuarentena. Aunque algunos de estos emprendimientos son aún incipientes y no siempre cumplen con todas las normativas, es inevitable reconocer que ahora son parte del paisaje económico.

---

[15] PRIMICIAS. (julio de 2020). *Ventas de motocicletas crecen 25% por coronacrisis.* Recuperado el 29 de septiembre de 2020 de https://www.primicias.ec/noticias/economia/venta-motocicletas-crecen-coronavirus-crisis/

CUÁNTOS CAMBIOS PERCIBIMOS FUERA DE CASA

Al día de hoy, ¿Cuánto ha cambiado la vida fuera de casa? Nos referimos a cómo te sientes en el transporte público, en trabajo, en nuevas modalidades de trabajo, al interactuar con extraños, etc.

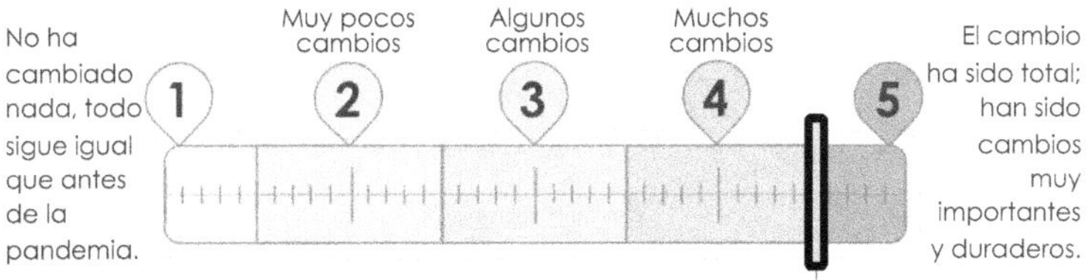

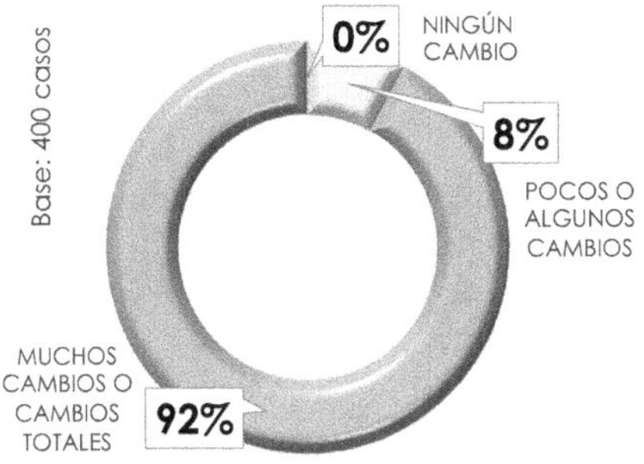

PROMEDIO PONDERADO FUERA DE CASA

4.58

Salir de casa es totalmente diferente al pasado. Los cambios son percibidos como extremos y de larga duración.

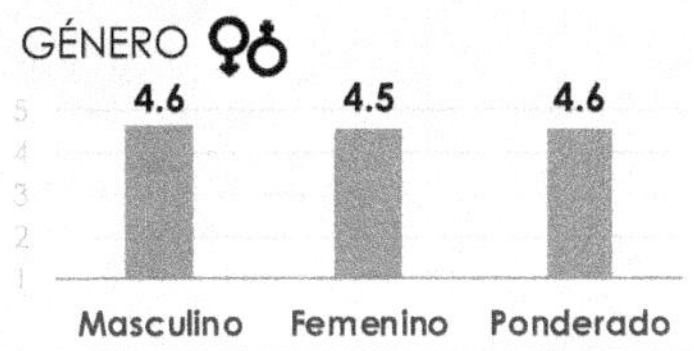

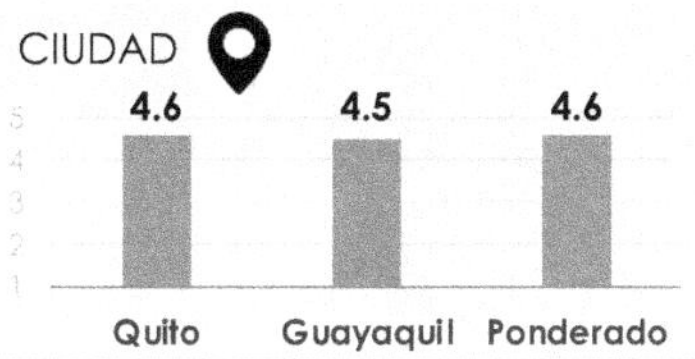

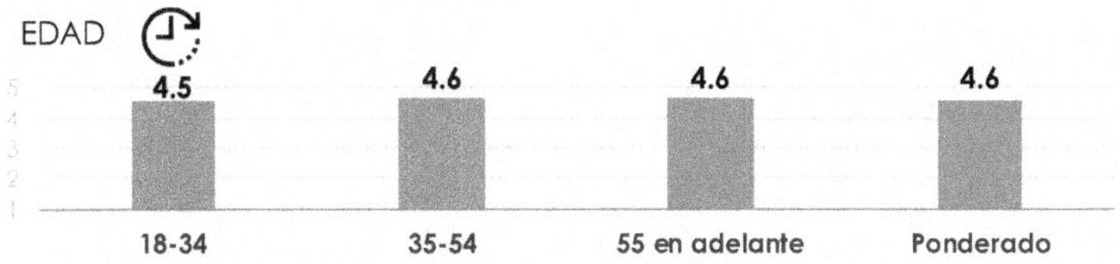

Tipo de estudio: cuantitativo. Técnica: encuesta. Muestra: 400 casos; hombres y mujeres de Quito y Guayaquil, mayores de edad, de nivel de ingresos medio y medio alto/alto. Nivel de confianza: 96.5%; margen de error: +-5%, en ambos casos para los resultados agregados. Muestreo por conglomerados geográficos, de ingresos y de género. Canal: *online*. Por la mayor respuesta de personas jóvenes, los resultados han sido ponderados por edad. Guayaquil incluye Durán y parroquias La Puntilla, de Samborondón, y La Aurora, de Daule. Trabajo conjunto de **Negocios & Estrategias** y **Koala Insights.** 23-26 octubre 2020.

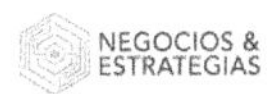

FORMATOS MIXTOS
DE TRABAJO
HOBBIES
RENTABLES
FUERA DE CASA
CONDUCIENDO POR
MI SALUD
LA NORMALIDAD
DEL MIEDO
VIAJES
CÁPSULA
1
2
3
4
5

6.1 FORMATOS MIXTOS DE TRABAJO

Creación de modalidades alternativas de trabajo que complementan el formato presencial con varias modalidades de teletrabajo.

Reason why

Seguridad sanitaria, comodidad, ahorro, oficinas más pequeñas, globalización, flexibilización de horarios, salario emocional.

Timing

Oportunidades de negocios

- Creación, ambientación, mobiliario y equipamiento de espacios de teletrabajo en las viviendas.
- Espacios de *coworking*.
- Mobiliario de oficina biosegura.
- Equipos tecnológicos para teletrabajo.
- Planes de Internet.
- Nubes de almacenamiento de datos.
- Creación de normativas de seguridad y confort laboral.
- Asesorías legales sobre modalidad de teletrabajo.

- Reingenierías o redefiniciones de la función de Talento Humano en la empresa.
- Servicios de salud emocional, ocupacional y similares.
- Servicios, equipos e implementos de bioseguridad.
- Servicios de limpieza y desinfección.
- *Coaching* para equipos de trabajo en formatos mixtos.

Y todo lo demás que puede ayudar en la adaptación a nuevas modalidades laborales.

Ejemplos y noticias

Fuentes de imágenes y fotografías disponibles en páginas 148 a 152

6.2 HOBBIES RENTABLES

Desarrollo de nuevos emprendimientos basados en hobbies y habilidades descubiertas durante la cuarentena y, tal vez, a causa del desempleo.

Reason why

Necesidad de nuevos ingresos, curiosidad intelectual, autoestima, estatus, deseo de negocio propio, volver rentable un antiguo gasto.

Timing

Oportunidades de negocios

- Mentorías y asesorías de gestión, financieras, etc.
- Asesorías y servicios de *naming*, *branding*, marketing y similares.
- Diseño gráfico y de *packaging*.
- Creación y desarrollo de webs y tiendas *online* con e-commerce.
- *Community management* y *webmaster*.
- Fotografía de productos.
- Equipos e implementos varios.
- Servicios financieros y de botones y plataformas de pago.

- Espacios de *coworking*.
- Provisión de materias primas varias, según el caso.
- *Delivery*.
- Capacitación para la profesionalización del *hobbie*.
- Cursos de actualización.
- Financiamiento.
- *Sponsoring, joint ventures* y oportunidades de inversión tipo *Angel Investing*.

Y todo lo demás que contribuye a desarrollar la creatividad y poner en marcha un negocio propio.

Ejemplos y noticias

Innovación, el ingrediente de emprendimientos que sobreviven en la pandemia

6.3 CONDUCIENDO POR MI SALUD

Incremento en las preferencias de transportación en vehículos propios en detrimento del transporte público masivo.

Reason why

Seguridad sanitaria, seguridad física, comodidad, higiene, bienestar familiar, rapidez, estatus, autoestima, potencial fuente de ingresos.

Timing

Oportunidades de negocios

- Venta de vehículos tales como:
    - Automóviles.
    - Motocicletas.
    - Bicicletas.
    - Electrobicicletas.
    - *Scooting*.
- Para todos los anteriores: reparación, mantenimiento, repuestos, accesorios y adecuaciones.
- *Tunning* y adecuaciones para el uso comercial del vehículo.
- *Apps* para monitorear el mantenimiento.
- Garajes de alquiler.

- Indumentaria, equipos y protección para ciclistas y motociclistas.
- Servicio de transporte privado independiente.
- *Apps* de transporte privado.
- Seguros de vehículos.
- Cursos de conducción.
- Financiamiento.

Y todo lo demás que aporte a la compra, adecuación y viabilización del uso de medios de transporte privados.

Ejemplos y noticias

Fuentes de imágenes y fotografías disponibles en páginas 148 a 152

Hay preocupación en Ecuador por aglomeración en transporte público y no uso de mascarillas, lo que aumenta el riesgo de rebrotes de COVID-19

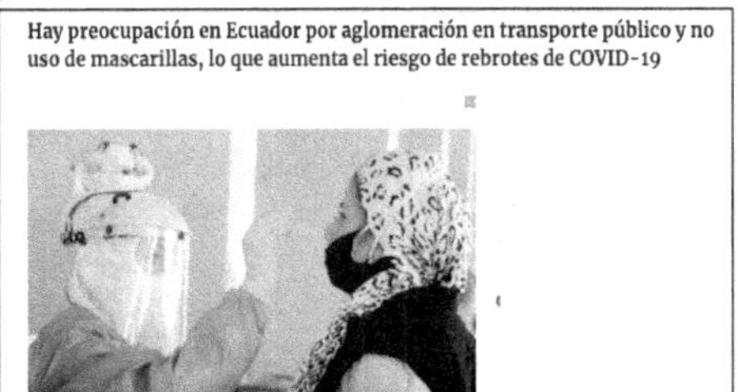

Ventas de motocicletas crecen 25% por la coronacrisis

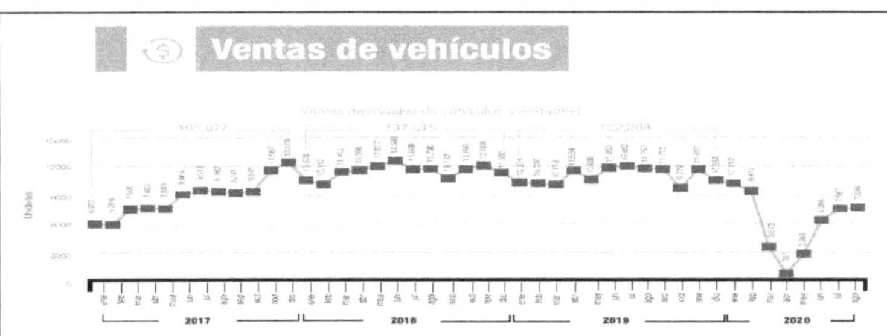

Gráfico elaborada por AEADE
(Sector Automotor – agosto 2020)

A pesar de la crisis económica como consecuencia de la pandemia, las ventas de automóviles van a volverse a situar en ubicaciones promedio.

6.4 VIAJES CÁPSULA

Cambio en las preferencias de viajes de turismo a favor de destinos rurales, destinos al aire libre, grupos cortos, hospedajes no tradicionales, etc.

Reason why

Bioseguridad, recreación, autoestima, viabilidad para teletrabajar, alivio pospandemia, curiosidad.

Timing

Oportunidades de negocios

- Nuevos paquetes de viaje.
- Alojamientos no tradicionales.
- Construcción de nuevas formas de alojamiento: cabañas, casas en árboles, lugares de *camping*, etc.
- Guianza y animación en viajes.
- Ambientación de espacios para teletrabajo y *homeschooling*.
- Seguros de viaje, incluyendo asistencia médica de emergencia.
- Servicios, equipos e implementos de bioseguridad.

- Agroturismo.
- Turismo comunitario.
- Transporte tradicional y no tradicional a zonas rurales.
- Turismo naranja y *glamping*.
- Comunicación de nuevos destinos.
- Servicios de desinfección y limpieza.
- Certificaciones de bioseguridad.

Y todo lo que sume a desarrollar nuevos destinos turísticos y nuevas formas de viajar.

Ejemplos y noticias

Cabaña Parte del Aire
3 días ·

Parte del Aire, deja de lado lo que no necesitas... Aplicando Protocolo COVID vigente: https:// www.argentina.gob.ar/sites/default/files/protocolo-alojamientos-final.pdf

Solo dos cabañas separadas casi 200mts, Parque-Pileta-Parrilla-Jardin-Acceso exclusivos, 0% de áreas comunes. No se ven ni se escuchan. Predio de 1ha con plena vista a la sierra, monte autoctono, zonas parquizadas, quinta de frutales, sin tendidos electricos ni construcciones a la vista. Ideal para aquellos que ponderan la tranquilidad y la vida al aire libre.

Cabaña 4pax, dos ambientes con pileta de uso exclusivo y Cabaña Loft (monoambiente) 3pax con minipiscina hidromasaje en el parque de uso exclusivo.

Totalmente equipadas, ropa blanca, WIFI, DTV, biblioteca, calefacción en cada ambiente, juegos para niños, parrilla, cochera. Ubicada en un paraje muy tranquilo y agreste llamado Las Chacras, en el faldeo de la sierra a 900msnm. Atendida por sus dueños, con mucha privacidad y en un paraje que tiene la particularidad de conservarse aún muy agreste, con abundante monte autóctono y la flora y fauna que viven en él. Cuenta con numerosos senderos y arroyos que invitan a la caminata y al ocio.

Para los espíritus inquietos, te ofrecemos también TURISMO ACTIVO, asesoramiento sin cargo para actividades de trekking, running, traíl y MTB. Servicio de guía propio.

#CabañaPartedelAire #AlojamientoparaDeportistas

6.5 LA NORMALIDAD DEL MIEDO

Adopción transversal de precauciones de bioseguridad para enfrentar, individual o colectivamente, el miedo al contagio de Covid-19.

Reason why

Seguridad sanitaria, necesidad de seguir produciendo, protección a familiares en riesgo, desconfianza en sistema de salud, supervivencia.

Timing

Oportunidades de negocios

- Producción y/o venta de mascarillas y otros implementos de bioseguridad.
- Vestuarios y accesorios con diseños actuales.
- Nuevos tamaños y presentaciones de alcohol y gel antibacterial.
- Bioseguridad para zonas de alto tráfico.
- Bioseguridad para hogares.
- Seguros de salud y de vida.
- Cambios arquitectónicos y de equipamiento y servicios en la casa.
- Acrílicos, cortinas y otros mecanismos de división del habitáculo de vehículos, oficinas, restaurantes y otros comercios.
- Normativas y certificaciones de bioseguridad.
- *Delivery*, incluso de productos de antigua compra presencial.
- Terapias de salud emocional.

Y todo lo demás que pueda contribuir a sobrellevar los temores derivados de la pandemia.

Ejemplos y noticias

CAMPUS VII
/POLÍTICA
SOCIAL DISTANCING
¿Cómo vamos
a votar el 2021?
Mucha gente pequeña, en lugares
pequeños, haciendo cosas pequeñas
puede cambiar el mundo.
–Eduardo Galeano

Todos los procesos electorales presidenciales convocan las expectativas de la población, exacerban las ofertas de los partidos políticos y alteran el orden ciudadano con movilizaciones, cierres de vías, visitas de las y los candidatos, acusaciones públicas, generación de empleos temporales, etc. Es decir, los tiempos electorales son, por definición, atípicos.

En esta ocasión, tanto por la pandemia, como por la crisis económica derivada y por la secuela de casos de corrupción que han inundado noticiarios y redes sociales en los últimos meses, las elecciones de 2021 en Latinoamérica van a ser muy diferentes a las anteriores.

Los mítines y recorridos puerta a puerta no serán ni tan masivos ni tan frecuentes como antes. Bien sea por la normativa vigente como por la responsabilidad de los partidos políticos y los nuevos hábitos de profilaxis de la sociedad, ese tipo de prácticas tendrán que coexistir con otras formas de contacto entre candidatos y ciudadanía.

Es muy probable que las campañas de 2021 sean en clave de 2R: radio y redes sociales, lo cual significará para la ciudadanía estar expuesta a una frecuente invasión de propaganda política en Facebook e Instagram. Y para las marcas comerciales, tener que compartir sus reductos publicitarios con marcas políticas.

El electorado más apetecido serán los menores de 40 años, llamados de manera reduccionista *millennials* y *centennials*, quienes

representan más del 55% del electorado y consumen muy pocos medios tradicionales, lo cual redunda a favor de la invasión de propaganda en redes sociales. De propaganda y de *fake news*.

Entonces, ¿cómo vamos a votar a partir de 2021?

Vamos a votar esperando que nos solucionen cuatro problemas antiguos que han tomado un matiz diferente por la pandemia: empleo, educación, salud y justicia, siendo que en esta última confluyen dos problemáticas: corrupción e inseguridad.

En cuanto a empleo, no solo se espera oferta en cantidad sino también precisiones en cuanto a la calidad del empleo: derechos laborales y nuevas normativas para el teletrabajo.

En educación no solo que el Estado aún no es capaz de garantizar educación pública gratuita y de alto nivel académico, sino que la pandemia ha llevado a procesos apresurados de migración a educación *online* sincrónica, con las terribles dificultades que esto implica para las familias por debajo del nivel de pobreza, que son casi el 30% de la población.

Sobre salud y justicia no hace falta entrar en mayores detalles: la tragedia sanitaria y el *boom* de casos de corrupción y de inseguridad en las calles hablan por sí solos de la importancia de estos temas.

Las siguientes páginas contienen información sobre nuevas prioridades en materia político electoral que es necesario tener en el radar de análisis tanto para la clase política, para la ciudadanía y para las empresas.

> "Vamos a votar esperando que nos solucionen cuatro problemas antiguos que han tomado un matiz diferente: empleo, educación, salud y justicia"

CUÁNTO HA CAMBIADO LA POLÍTICA PARA NOSOTROS

En los últimos meses hemos visto o vivido problemas de Salud Pública, Desempleo, Educación y Justicia. ¿Cuánto ha cambiado tu forma de pensar acerca de la importancia y del manejo de estas áreas?

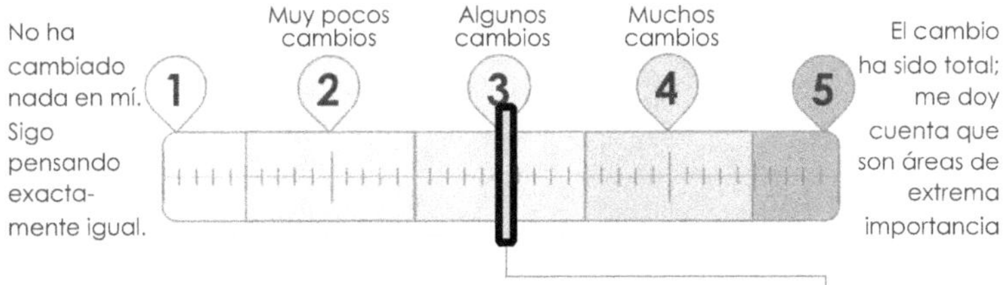

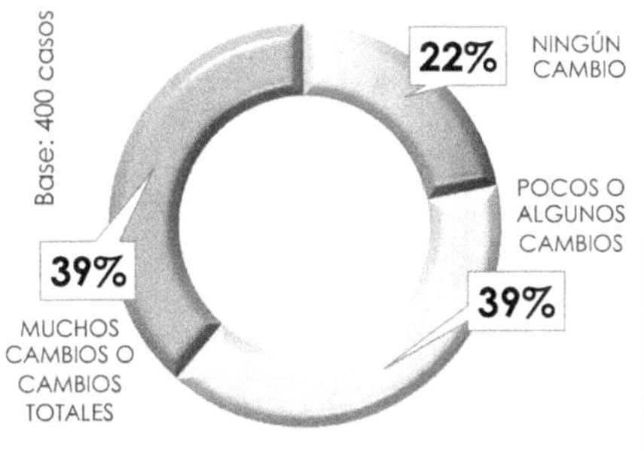

PROMEDIO PONDERADO POLÍTICA

3.04

La ciudadanía ha experimentado algunos cambios importantes en su forma de interpretar la gestión política.

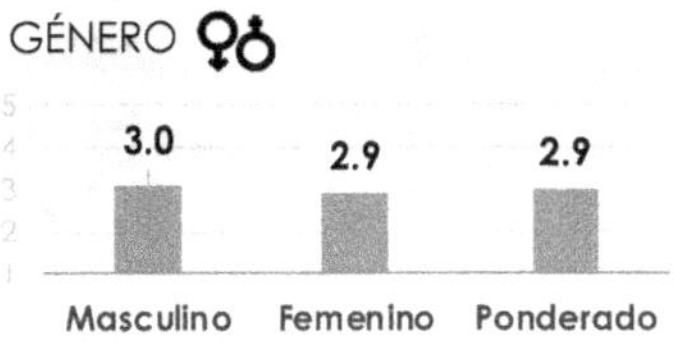

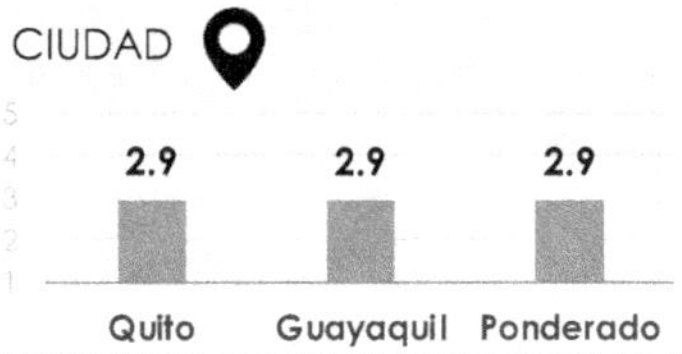

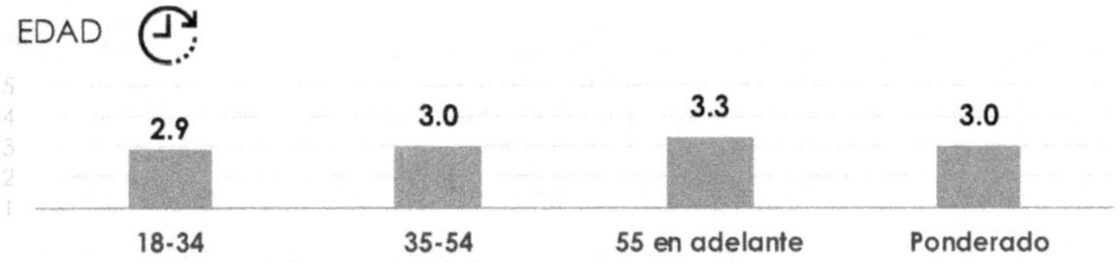

GÉNERO

CIUDAD

EDAD

Tipo de estudio: cuantitativo. Técnica: encuesta. Muestra: 400 casos; hombres y mujeres de Quito y Guayaquil, mayores de edad, de nivel de ingresos medio y medio alto/alto. Nivel de confianza: 96.5%; margen de error: +-5%, en ambos casos para los resultados agregados. Muestreo por conglomerados geográficos, de ingresos y de género. Canal: *online*. Por la mayor respuesta de personas jóvenes, los resultados han sido ponderados por edad. Guayaquil incluye Durán y parroquias La Puntilla, de Samborondón, y La Aurora, de Daule. Trabajo conjunto de **Negocios & Estrategias** y **Koala Insights.** 23-26 octubre 2020.

NUEVOS ENFOQUES DEL EMPLEO

DERECHO A LA SALUD

CÓMO VAMOS A VOTAR

EDUCACIÓN EN PROBLEMAS

JUICIO A LA JUSTICIA

7.1 NUEVOS ENFOQUES DEL EMPLEO

Jerarquización del persistente problema del desempleo, ahora complejizado por las crisis sanitaria y económica, y sus consecuencias.

Reason why

Supervivencia, responsabilidad familiar, autoestima, necesidad de la seguridad social, incertidumbre, pérdida de ahorros.

Timing

Oportunidades de negocios

- Asesorías legales a trabajadores y sindicatos.
- Asesorías legales a empresas.
- Programas de fidelización *in company*.
- Capacitaciones y asesorías a emprendedores.
- Seguros privados de desempleo.
- Servicios de *outplacement* hacia varios niveles jerárquicos.
- Créditos y microcréditos para emprendedores.
- Emprendimientos basados en experiencia laboral.

- Desarrollo de servicios profesionales independientes.
- Orientación para el futuro laboral.
- Gestión de comunidades de emprendedores.
- *Apps* que conecten demandas y ofertas laborales.

Aunque estas oportunidades de negocios son muy interesantes, lo de fondo es que la sociedad demandará muchas más plazas de empleo y debatirá acerca de nuevas condiciones laborales.

Ejemplos y noticias

Fuentes de imágenes y fotografías disponibles en páginas 148 a 152

ELUNIVERSO

Generar empleo y mejorar el sistema de salud son las propuestas del binomio de CREO Guillermo Lasso-Alfredo Borrero

Reactivación económica de las familias es prioridad para candidato presidencial Andrés Arauz

La pandemia no detiene al emprendedor ecuatoriano: 5.132 nuevas mipymes se han creado

El outplacement en tiempos de COVID-19: ¿En qué sectores se están recolocando más trabajadores?

Analizamos el outplacement por sector, por comunidad, dónde se encuentran los trabajos...

7.2 DERECHO A LA SALUD

Asimilación mayor de que la salud es un derecho ciudadano que el Estado debe garantizar con suficiencia, gratuidad y altos estándares científicos.

Reason why

Supervivencia, experiencias vividas en la pandemia, alto costo de servicios médicos, bienestar familiar, responsabilidad familiar.

Timing

Oportunidades de negocios

- Seguros de salud.
- Servicios de telemedicina.
- Servicios de médico en casa.
- Insumos de salud para hogares, consultorios y hospitales.
- Suplementos vitamínicos e inmunomodeladores.
- Pruebas y diagnósticos.
- Limpieza y desinfección de hogares y centros médicos.
- Enfermería y otros cuidados a enfermos.
- *Apps* que faciliten la búsqueda de profesionales de la salud, enfermería y paramédicos.

Además de las oportunidades de negocios que hemos anotado, la sociedad ecuatoriana demandará a sus actuales y futuros gobernantes acciones y políticas que garanticen verdaderamente el derecho a la salud en condiciones dignas.

La salud preventiva tendrá mayor receptividad, la inversión pública en salud será mandatoria y empezaremos a hablar del aseguramiento de salud universal.

NEGOCIOS & ESTRATEGIAS

Ejemplos y noticias

Fuentes de imágenes y fotografías disponibles en páginas 148 a 152

El rol del Estado en la protección del derecho de la Salud en el caso de las votaciones

Victor Manuel Pacheco

El coronavirus permanecerá durante bastante tiempo en el mundo y en nuestro país. Esto podría determinar que algunas conductas, comportamientos y decisiones a tomar por parte de las autoridades de Estado a corto o mediano plazo se vean afectadas. Estas decisiones ya no podrán ser ajenas a criterios de bioética. Es decir, el Estado y sus autoridades deberán hacer reflexiones críticas sobre los conflictos éticos que emergen de la vida y la salud humana.

Desde esta perspectiva, la bioética es un concepto amplio que abarca la vida del individuo y la sociedad. El derecho a la salud debe ser y es reconocido como un derecho humano por sí mismo y por sus relaciones con el derecho a la vida (el final extremo de la pérdida de la salud es la pérdida de la vida), a la libertad (el pleno ejercicio de ésta requiere de la posesión de condiciones saludables), a la igualdad (como condición indispensable para la igualdad de oportunidades), a la integridad (no solo social sino también biológica y axiológica) y a la seguridad personal (a aceptar con naturalidad y bajo ciertos límites el temor a la muerte).

Es deber primordial del Estado garantizar la salud y la vida de los ecuatorianos, como lo dispone la Constitución de la República. Asimismo, la Declaración sobre Bioética de los Derechos Humanos enfatiza en la importancia de preservar la salud y generar espacios de diálogo interdisciplinarios. Pacheco considera a mayo de 2020 los datos epidemiológicos de que se dispone a nivel universal y nacional no permiten prever la evolución de la pandemia, pero que existe la certeza y evidencia de que el virus permanecerá en la población y ambiente como agente infeccioso.

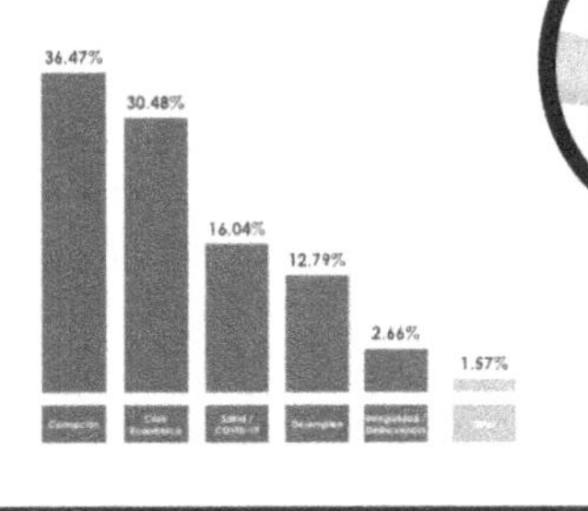

7.3 EDUCACIÓN EN PROBLEMAS

Exacerbación de las problemáticas educativas de siempre debido a las actules modalidades *online* y mixtas que ahondan las asimetrías sociales.

Reason why

Riesgo de contagio, carencia de recursos tecnológicos en el hogar, dinámicas familiares disfuncionales, temor a perder el año estudiantil.

Timing

Oportunidades de negocios

- Tutorías presenciales y *online*.
- Materiales educativos para modalidades *online*.
- Nuevos planes y mayores zonas de cobertura de los servicios de Internet.
- Adecuaciones físicas en escuelas y colegios.
- Mobiliario educativo.
- Ambientación de espacios en casa.
- Plataformas *online*.
- Útiles escolares a domicilio.
- Bioseguridad para instituciones educativas.

Además de estas oportunidades de negocios, lo más relevante es que las familias ecuatorianas esperan definiciones de las autoridades y de los candidatos acerca de cómo va a ser la educación en el futuro inmediato y cuáles van a ser las políticas para garantizar la educación en igualdad de oportunidades entre instituciones privadas y públicas, urbanas y rurales, escolares y colegiales, etc.

7.3 EDUCACIÓN EN PROBLEMAS

Ejemplos y noticias

EL UNIVERSO

Coronavirus en Ecuador: de forma virtual se juró la bandera y se proclamó a los mejores estudiantes

La crisis generada por el COVID-19 obligó a padres a no dar estudios a sus hijos o cambiarlos de plantel

Más de 6 millones de centeniales y mileniales acudirían a las urnas el 7 de febrero próximo

7.4 JUICIO A LA JUSTICIA

Incremento de la necesidad de un sistema de justicia capaz de resolver los recientes casos de corrupción y violación de Derechos Humanos.

Reason why

Empatía con los afectados, sensación de afectación directa, tradición de poca confianza en el sistema judicial, incertidumbre, hartazgo.

Timing

Oportunidades de negocios

- Asesorías legales.
- Formación en Derechos Humanos y temáticas similares.
- Generación de contenido informativo de tipo legal y de Derechos Humanos.
- Plataformas digitales de asistencia legal inmediata.
- Creación y desarrollo de observatorios de Derechos Humanos.
- Campañas de comunicación social para concienciar a la ciudadanía sobre sus derechos.
- Seguros de asistencia legal.

Aunque estos hábitos de tan honda preocupación social generan oportunidades de negocios o profesionales, lo que deseamos resaltar es que la ciudadanía espera contar con un Sistema Judicial altamente confiable por la probidad de sus jueces, por la rapidez de sus procesos, por la independencia del ámbito político y por las facilidades estructurales para que el acceso al mismo no dependa de la situación económica.

Ejemplos y noticias

Fuentes de imágenes y fotografías disponibles en páginas 148 a 152

CNN en Español
@CNNEE

En Ecuador, se están realizando más de 50 investigaciones por casos de corrupción relacionados a la pandemia de covid-19. Ese es el mensaje de la fiscal general Diana Salazar a los jueces a cargo de las pesquisas.

Más de 50 investigaciones en Ecuador por casos de corrupción relacionados ...
En Ecuador, se están realizando más de 50 investigaciones por casos de corrupción relacionados a la pandemia de covid-19. Ese es el mensaje de la ...
cnnespanol.cnn.com

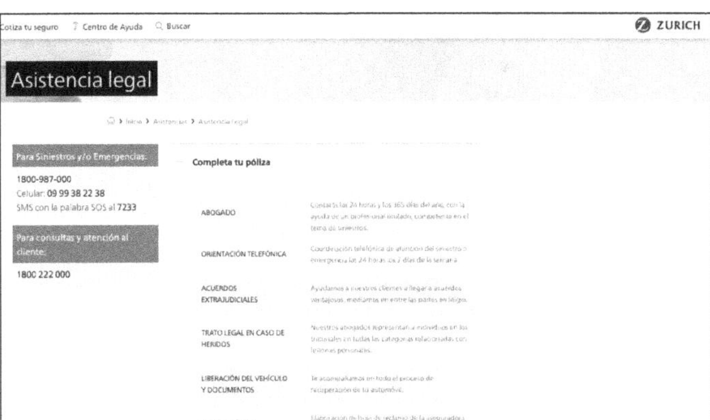

Vislumbrando el futuro

Como quien recorre una carretera con neblina, la práctica del Trendhunting es un ejercicio de vislumbrar, de percibir algo por medio de señales o indicios que es necesario saberlos buscar, interpretar y relacionar con los rasgos identitarios de cada sociedad.

Las sociedades latinoamericanas, así como tienen entre sí diferencias sustanciales, también tienen similitudes que les permiten reconocerse como ante espejos. No nos referimos a la cuestión lingüística ni étnica, sino a los problemas sociales, a sus detonadores de alegrías, a sus anhelos.

Los anhelos de una sociedad constituyen el futuro deseado, lo que quieren ver allende la neblina, entendiendo a esta como el presente borrascoso, ensombrecido por la pandemia del Covid-19 y poblado de indicios que anuncian tiempos diferentes; no sabemos si buenos o malos, pero diferentes.

Las diferencias, cuando se producen a ritmos vertiginosos, producen perplejidad social. Daniel Innerarity, en *Política para perplejos*[16] afirma *"los seres humanos de sociedades anteriores [...] podían pasar hambre y sufrir la opresión, pero no estaban perplejos. La perplejidad es una situación propia de sociedades en las que el horizonte de lo posible se ha abierto tanto que nuestros cálculos acerca del futuro son especialmente inciertos"*, para luego concluir aseverando *"apenas conocemos la realidad y tampoco sabemos muy bien si es algo a lo que hay que adaptarse o que debe combatirse"*.

[16] Innerarity D., (2018). *Política para perplejos*. Barcelona, España: Editorial Galaxia Gutenberg.

Adaptación o resistencia. Tiempos diferentes. Perplejidad. Crisis. Estamos frente a la mayor transformación social desde la Segunda Guerra Mundial, pero con una diferencia: aquella vez los cambios se produjeron de forma paulatina a lo largo de los seis años del conflicto y de las décadas de la Guerra Fría. Hoy todo ha sido precipitado; en menos de seis meses hemos pasado de llevar una vida "normal" a vivir una normalidad del miedo que alteró para

siempre el imaginario de la vivienda, del trabajo, del estudio, del entretenimiento, de las prácticas religiosas, de la economía, etc. Y esto recién empieza.

Hacia un nuevo orden social

El inicio de este nuevo orden social trae consigo al menos tres grandes escenarios en los que se están produciendo y se van a seguir dando las mayores transformaciones: inequidad, nuevos valores y virtualización.

 La cuestión de la inequidad

La crisis económica derivada de la pandemia traerá un ensanchamiento de las desigualdades, en particular la desigualdad de oportunidades, que es estructural y no cambia de un año a otro ni se solventa con medidas aisladas. Alicia Bárcena, secretaria ejecutiva de la CEPAL, estima que la eliminación de la pobreza requiere crecimientos anuales en el orden del 4% del PIB por al menos diez años, acompañado –esto es imprescindible- de políticas públicas orientadas a la redistribución de la riqueza. *"Se necesita crecer para igualar e igualar para crecer"*[17].

Bárcena afirmó también *"la desigualdad de género ha sido*

<hr>

[17] CEPAL. (2020). *Construir un nuevo futuro: una recuperación transformadora con igualdad y sostenibilidad*. Recuperado el 28 de octubre de 2020 de
https://www.cepal.org/es/publicaciones/46227-construir-un-nuevo-futuro-recuperacion-transformadora-igualdad-sostenibilidad

exacerbada por la pandemia en América Latina y El Caribe, ya que las mujeres de la región se han visto afectadas por el aumento del desempleo, de la pobreza y por la mayor carga de trabajo doméstico y de cuidados no remunerados".

Vislumbramos una década de exacerbación de las demandas sociales en pro de mayores oportunidades, de más –y mejores- plazas de trabajo, de mejoramiento ostensible de la cobertura, del nivel y de la capacidad de reacción de la salud pública, de soluciones a los nuevos retos de la educación, en suma, de una presencia mayor del Estado como responsable primero de solventar las crisis y también como el primer acusado en caso de no lograrlo.

> "Será una década muy política, en el sentido más beligerante del término"

En nuestra Latinoamérica presidencialista, Estado, gobierno y clase política suelen ser percibidas como una sola entelequia que hace las veces de cálida placenta para encuentros y desencuentros entre la ciudadanía sin acceso al poder político y los detentadores del mismo. Será una década muy política, en el sentido más beligerante del término.

▶ Los nuevos valores

En otro orden, entrando en el campo de los nuevos valores, ¿somos mejores ahora?

Como sociedad, ¿hemos cambiado? Como personas, ¿somos otras?

Evidentemente estamos haciendo las cosas de forma diferente. Los 29 hábitos descritos así lo demuestran, pero entonces ¿hacer las cosas de forma diferente nos hace diferentes?

Cuando un hábito es adoptado de forma definitiva, genera una

alteración en las prioridades del adoptante. Una persona que deja de usar transporte público y se moviliza en su propia motocicleta, ha cambiado sus prioridades desde algo tan leve como dejar de llevar monedas para pagar el bus hasta aspectos más grandes como tener que recortar un rubro familiar para poder pagar la cuota mensual de la motocicleta. Hasta allí en cuanto a prioridades.

De las prioridades pasamos a los valores: esa misma persona podría dejar de valorar –y de exigir- mejoras en el transporte público y pasar a demandar mejores vías carrozables. Así mismo podría construirse – ella misma- una historia de progreso para contar a sus hijos y formar en ellos –por ejemplo- el valor de la perseverancia.

Jerarquia de efectos
sociales de una
tendencia

Siendo así, la vorágine de cambios debería concluir en un severo reordenamiento de valores sociales que nos haga pensar que vamos a ser una *mejor sociedad*, pero ¿mejor para quién? ¿De acuerdo al criterio de quién?

Es posible, además, que esa misma vorágine de cambios nos haga soslayar valores y que aquello nos convierta en una *peor sociedad*. ¿Peor para quién? ¿De acuerdo al criterio de quién?

Salvo los valores vinculados al arquetipo de la familia, no hemos encontrado indicios suficientes que nos hagan pensar que en los próximos años nos vayamos a constituir en el *Camelot* de la posmodernidad.

No hay, por ejemplo, indicios de aceleramientos notables en el interés público por la temática ambiental ni por inclusión social ni por crear mejores condiciones de vida los segmentos económicamente postergados.

Hay sí, reflexiones importantes sobre la cuestión de la natalidad, que van desde el pesimismo de "*¿para qué traer hijos al mundo en estas condiciones?*", hasta la antípoda de desear acelerar la llegada de los vástagos por algo que anotábamos antes: los valores y sentimientos vinculados a la vida en familia se han fortalecido.

Hay, también, una notoria voluntad de adaptación y de ánimo resiliente. Es posible que se estén formando generaciones más *líquidas*, más versátiles, más preparadas para embates externos.

El mensaje central a nivel mundial fue #QuédateEnCasa, que entre líneas quiere decir *'sálvate tú y que cada quién se salve por su cuenta'*. La interacción social está marcada por el distanciamiento, el saludo con los codos y el uso de mascarillas que cubren la mitad de nuestras expresiones faciales. Todo ello grabado en piedra inevitablemente condicionará la adopción de nuevos hábitos, la priorización de recursos y la construcción y difusión de valores.

Vislumbramos, al menos para los primeros años pospandemia, una sociedad con conductas diferentes, con prioridades diferentes y con valores en construcción; valores que jerarquizan la protección de los de casa y que apenas se modifican levemente en cuanto a la posicón del yo-ciudadano frente al nosotros-ciudadanía.

> "Es posible que se estén formando generaciones más líquidas, más versátiles, más preparadas para embates externos"

 Cada día más virtuales

En la normalidad del miedo, con el incremento de la desigualdad y la montaña rusa de cambios de hábitos, prioridades y valores, las personas siguen comprando, consumiendo, seleccionando marcas, cambiando lugares de compra, etc.

¿Cómo influye el entorno de perpejidad, desigualdad y cambios en el consumo?

Del marketing digital a la economía digital hubo un salto importante de conceptos, de alcances y de relevancia. Ahora, más de seis meses después del inicio del confinamiento en Europa y Latinoamérica, bien podríamos empezar a hablar de cosmovisión digital.

Hemos acelerado tan drásticamente nuestra inserción en el mundo *online* que muchos fenómenos que esperábamos que se produjeran cuando los *centennials* estuvieran al frente de empresas e instituciones, está ocurriendo en nuestros días y van a seguir ocurriendo de forma muy rápida.

> No nos referimos a aplicaciones para pedir comida o para contratar servicios de mantenimiento del hogar, no. Nos referimos a robots en cargos de atención al público, dispositivos subcutáneos que reemplazan a tarjetas de crédito y contraseñas, aplicaciones que transparentan la evolución de un servicio, etc. Parecen ejemplos tomados de la serie *Mejores que los humanos*[18] o de *Un mundo feliz*[19], pero ya está ocurriendo: en el mundo hay más de 50 mil personas con dispositivos implantados bajo la piel que almacenan información, activan cerraduras electrónicas y permiten hacer pagos, incluso los del transporte público[20].

Aterrizando esto a Latinoamérica, vislumbramos mercados muy exigentes en cuanto a rapidez, conveniencia y control en tiempo

---

[18] Mejores que nosotros (Лучше. чем люди) es una serie de Netflix, 2019, ambientada en Rusia, en un futuro en el que la humanidad coexiste con robots de inteligencia empática.
[19] Huxley A., (1969). *Un mundo feliz*, Barcelona, España: Plaza & Janés Editores.
[20] Rubio I. (23 de julio de 2020). *Implantes inteligentes*. Recuperado el 27 de octubre de 2020 de https://retina.elpais.com/retina/2020/07/22/innovacion/1595432782_713134.html

real de sus pedidos; a esto último lo denominamos *trazabilidad del servicio*.

La inmersión profunda en lo *online* volverá a los compradores más exigentes en cuanto a opciones; los portafolios de productos, formas de pago, canales de compra, mecanismos de entrega, tiempos y tarifas, etc., deberán diversificarse en extremo para no dejar ir a clientes que, a partir de la pandemia, han descubierto nuevos comercios, marcas, proveedores, etc.

> "La inmersión profunda en lo *online* volverá a los compradores más exigentes en cuanto a opciones"

No seremos los mismos, pero seremos iguales

Temáticas nobles como la conciencia ambiental, la Responsabilidad Social o los protocolos de inclusión social en las empresas serán temas que continuarán ganando un espacio en los criterios de valoración al momento de decidir entre marcas o entre comercios, pero ese crecimiento en relevancia no será suficiente para generar un cambio sustancial.

Lo urgente postergará lo importante. La dureza de la crisis, el dolor de lo vivido y la perplejidad derivada de la incertidumbre hará que enormes cantidades de consumidores –hombres y mujeres- prioricen aspectos como la bioseguridad, los precios bajos, la rapidez y la *trazabilidad del servicio*, entre otros conceptos que ya hemos destacado párrafos atrás y por los que muchos estarán dispuestos a sumergirse dentro de la cosmovisión digital que los tiempos imponen.

"El poder de las tendencias es la anticipación. Nos permiten ganar tiempo y disponernos para lo que viene. Ganar tiempo significa que la realidad nos encuentre mejor preparados. Conociendo las tendencias, conocemos las semillas del futuro que están contenidas en el presente" nos dice Verónica Massonier en *Tendencias de mercado*[21]. Al hacer nuestras sus palabras, proponemos esta obra como una mirada incompleta a lo que está ocurriendo en este ojo de huracán que nos ha tocado vivir.

Somos, como sociedad, los vivientes y sobrevivientes de la pandemia. Somos, allende las edades, una *metageneración* a la que Andrés Seminario y Nuno Acosta denominan *pandemials*[22] porque le ha tocado ser protagonista y relatora –constructora también- de nuevas preguntas y de nuevas respuestas en medio de la mayor crisis sanitaria de la que tenemos memoria.

Seremos diferentes por nuestros hábitos, pero seguiremos siendo viajeros del *eterno retorno*[23], volveremos inevitablemente por la rueda de los ciclos a las mismas angustias humanas, a las mismas luces y a los mismos anhelos.

---

[21] Massonier V., (2008). *Tendencias de mercado*. Buenos Aires, Argentina: Granica.
[22] Seminario A., Acosta N. (2020). *Pandemials*. Recuperado el 25 de octubre de 2020 de http://somospandemials.com
El término "*pandemials*" ha sido utilizado también para referirse a los nacidos en los meses de la pandemia. Los autores han adoptado el término con un significado más amplio.
[23] En alusión al concepto del *Eterno retorno*, de Nietzche.

SEGUNDA PARTE

Taller
Nuevos negocios basados en tendencias

DE QUÉ VA ESTO DEL TALLER

Una vez que hemos visto cómo la pandemia del Covid-19 ha cambiado el contexto en el que se desarrollan los negocios, la vida política, la medicina, etc., no cabe duda que la sociedad mundial está reformulando muchos de sus hábitos, sus prioridades y sus valores.

En medio de la crisis sanitaria y la posterior crisis económica debemos ser capaces de descubrir oportunidades en esos nuevos hábitos.

Esta parte del libro[24] se trata de cómo puedes, con una metodología sencilla de entender y de aplicar, nutrirte de información y descubrir oportunidades de negocios basadas en nuevos hábitos. A eso le llamamos tendencias. Y los negocios surgidos de ellas serán los ganadores del futuro inmediato.

Si eres capaz de convocar a tu equipo de trabajo o a un conjunto de amigos que te quieran dar una mano, serás capaz también de analizar información de fuentes primarias y secundarias y aterrizarla en pro de tu negocio.

La metodología que presentamos a continuación corresponde a un taller de un día entero de trabajo que te podría asegurar tu crecimiento económico de los próximos diez años.

---

[24] Esta parte del libro ha sido tomada del capítulo Trendhunting: Ideas viables para tu negocio, escrito por Iván Sierra para el *Kit de Supervivencia de los Marketeros Nocturnos*, publicado en España por #MarketerosNocturnos, la mayor comunidad de profesionales del marketing y afines de Iberoamérica.

<u>Entender antes de hacer</u>

Algunas de las preguntas más frecuentes que nos hacen en conferencias y en mesas de trabajo es cómo identificar tendencias. ¿Dónde están? ¿Quién dice que lo son? ¿Cómo saber qué es una tendencia y qué no lo es?

Volvamos a lo fundamental: ¿qué es una tendencia?

Evitemos los conceptos encriptados y aterricemos a ideas sólidas y claras, pero que no nos ocupen muchas líneas: una tendencia es un nuevo hábito que cumple con tres condiciones:

1. Es realmente nuevo.
2. Tiene potencial de ser socialmente aceptado.
3. Tiene potencial de ser económicamente asequible.

¿Recuerdas cuando se hablaba mucho de los *metrosexuales*? Eran - y son- hombres íntegra y hasta exageradamente 'producidos' para lucir impecables: peinado muy pulcro y con estilo, barba de diseño, cejas depiladas, cutis terso y libre de brillos, vestuario de diseñador, accesorios vistosos, reloj de alta gama, zapatos distinguidos, etc.

Ser metrosexual, a inicios del siglo XX, era algo realmente nuevo, pero no cumplía con las otros dos requisitos: en muchos segmentos de la sociedad un hombre tan acicalado era un elemento extraño y generalmente de minoría, y además era muy costoso mantener todos los días ese nivel de cuidado estético.

La metrosexualidad fue un tema del que se habló mucho, tal vez fue una moda de nicho, pero nunca se masificó. No fue tendencia.

Para identificar una tendencia es necesario detectar nuevos hábitos sociales, es decir nuevas conductas, nuevas formas de comportarse de las personas. Eso lo podemos lograr a través de metodologías de observación estructurada, etnografías y otras técnicas de

investigación social, así como también conectándonos a generadores de contenidos.

Con la detección de nuevos hábitos no termina el proceso, al contrario, recién empieza. Es necesario entonces analizar el hábito en cuestión con el Modelo 5A de Negocios & Estrategias[25] (gráfico 3), que se expresa en términos de *autenticidad, amplificabilidad, accesibilidad, asequiblidad* y *apreciabilidad.*

Gráfico 3. Modelo 5A de Negocios & Estrategias.

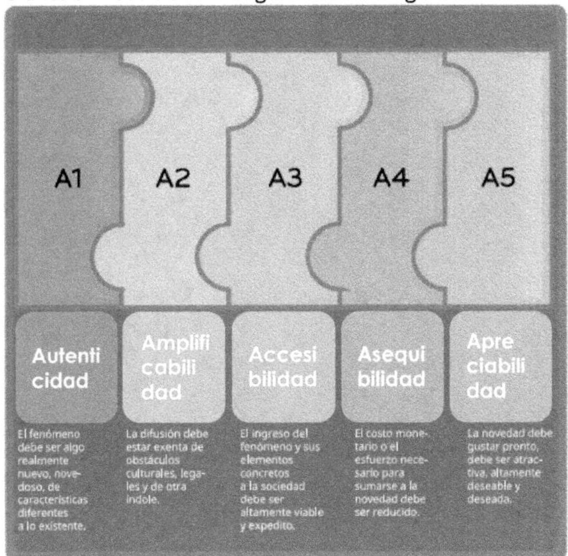

Terminemos la explicación con el ejemplo *Ocio con contenido musical.* Debes haber visto las fiestas y conciertos *online* que se desarrollaron durante la cuarentena. Alguien podría decir que hay un indicio de tendencia allí y podríamos comprobarlo usando el Modelo 5A como lo presentamos en el cuadro 1.

A manera de ejemplo contrario, si este mismo ejercicio lo hubiéramos

[25] NEGOCIOS & ESTRATEGIAS. (noviembre de 2015). *Trendhunting Boletín Cero.* Recuperado el 12 de octubre de 2020 de https://issuu.com/negociosyestrategias/docs/trendhunting_boletin_cero-final

hecho para eventos online de peleas de perros, la amplificabilidad, la accesibilidad y la apreciabilidad hubieran dado negativo.

Cuadro 1. Aplicación del Modelo 5A de Negocios & Estrategias.

EVENTOS ONLINE DE OCIO CON CONTENIDO MUSICAL		
A1 Autenticidad	¿Son realmente nuevos?	Sí, antes había actividades similares muy esporádicas y sin mayor aceptación
A2 Amplificabilidad	¿Muchos los recomendarían?	Sí, de hecho podría tener más ambiente si muchos más están conectados
A3 Accesibilidad	¿Es un hábito "amigable" con cánones sociales?	Sí, fomenta las reuniones en casa, lo cual abona en pro de la seguridad
A4 Asequibilidad	¿Es viable pagarlo para muchas personas?	Sí, los eventos online tienden a ser menos costosos que los presenciales
A5 Apreciabilidad	¿Sería algo altamente apetecido?	Sí, para muchas personas será un gusto ver a sus artistas y volver a divertirse con amigos

Los nuevos negocios basados en tendencias

Primero lo primero: esta actividad no es unipersonal. Por mucho que conozcas de tu negocio o por muy buen manejo que tengas de la empatía, no la hagas a solas; el riesgo de terminar mirándote el ombligo es enorme.

Sugerimos que integres a tu equipo de trabajo. Y si no lo tienes o es muy reducido, puedes convocar a personas de tu confianza que reúnan tres condiciones: que tengan capacidad de aportar nuevas ideas, que tengan la voluntad de hacerlo generosamente y durante todo el tiempo del taller, y que sean lo suficientemente leales como para no robarse los productos intelectuales de la sesión. No olvides recompensarlos con atenciones como comida y bebidas durante el evento y tal vez un pequeño regalo al final.

Aunque debimos haberlo escrito al principio, lo incluimos ahora: No olvides fijar el objetivo del taller y asegurarte que quienes asistan lo tengan claro. El objetivo será siempre generar nuevas ideas de negocios basadas en tendencias. La clave es la expresión *basadas en tendencias*.

El lugar y el tiempo asignado son muy importantes: elige un lugar cómodo, espacioso y en el que no tengan distracciones. No tiene que ser necesariamente en un salón elegante y costoso, pero no debería ser en una casa con niños y mascotas interrumpiendo la sesión.

Respecto al tiempo, piensa en un *full day*. Nuestro tiempo promedio es cinco horas útiles de trabajo. Si a eso le sumas 30 minutos para dos refrigerios y una hora de comida al mediodía, serán seis horas y media. Difícilmente lo podrás hacer bien en menos tiempo.

Ahora hablemos de la metodología, que te la vamos a resumir en cinco elementos:

1. La previa: Selección de tendencias. Explorando las recomendaciones que te damos más adelante bajo el título *Dónde encontrar indicios de tendencias* podrás hacer una lista de ellas que tengan relevancia en el lugar en el que se desarrolla tu negocio. Prepara una presentación en la que cada tendencia quepa en una sola diapositiva. Ponle nombre, anota un breve concepto e incluye ejemplos de cómo se desenvuelve. Puedes hacer algo como lo que se muestra en el gráfico 4.

Gráfico 4. Formato de presentación de tendencias.

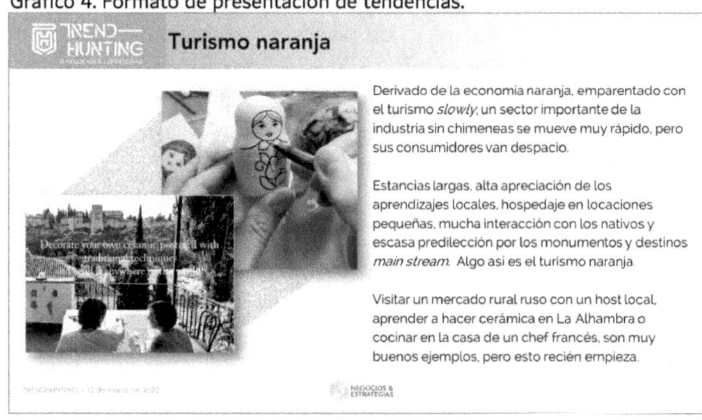

2. El inicio: La presentación de las tendencias. Una vez en el taller, lo primero que harás será presentar las tendencias una a una asegurando el pleno entendimiento del contenido. Facilítale a las y los talleristas material de apunte y copias de las diapositivas.

3. Los *campus*: El ámbito de desarrollo. Antes de iniciar la generación de ideas basadas en tendencias, es necesario orientar la actividad hacia varios ámbitos de tu negocio: nuevos productos, nuevos canales, mejoramiento de servicios, etc. El sentido de este paso es orientar las ideas del taller hacia los *campus* en los que realmente puedes emprender cambios. Si tu empresa es comercial, difícilmente podrás desarrollar nuevos productos o mejorar los actuales, por tanto, deberás asegurarte

que no se utilice tiempo del taller generando ideas sobre aquello.

4. La creatividad: ¡Ahora sí, a trabajar! En este punto, ya puedes formar equipos de trabajo y asignar tareas. Las tareas se enuncian así: "Todos los equipos deben generar al menos una idea para el ámbito (por ejemplo) de creación de nuevos servicios, basada en uno o más de las tendencias presentadas al inicio del taller". El tiempo recomendado para la generación de ideas es de 30 minutos y debe llenarse un formulario como el cuadro 2.

Cuadro 2. Formato de presentación de ideas de negocios.

<table>
<tr><td>EQUIPO # 1

TAREA: generar al menos una idea para el ámbito de creación de nuevos servicios.</td><td colspan="3">INTEGRANTES:

Scarlett, Íñigo y Valeria.

TREND— HUNTING</td></tr>
<tr><td>TENDENCIA 1: Home gym

Deportistas aficionados que se han mantenido en actividad en sus casas entrenando con mobiliario casero o con implementos deportivos escasos.</td><td colspan="3">IDEA PROPUESTA

TÍTULO: <u>TE LLEVAMOS EL GIMNASIO A CASA</u>

DESCRIPCIÓN:

Alquiler, venta e instalación de equipos de gimnasio, pilates, crossfit y box para ambientes domiciliarios.

Incluye trabajos de obra civil necesarios para el óptimo funcionamiento de los equipos.</td></tr>
<tr><td>TENDENCIA 2 (opcional): Normalidad del miedo

A pesar de la irremediable vuelta a los trabajos y otras actividades regulares, persiste el miedo a ser contagiado, a contagiar, a un rebrote, etc., pero también el miedo a perderse la vida social, el ritmo deportivo, el entretenimiento al aire libre, etc.</td><td colspan="3" rowspan="2">PRERREQUISITOS:

Definición de los equipos a alquilar y vender.
Selección de proveedores de equipos y de servicios de obra civil.</td></tr>
<tr><td>PROBLEMA A SOLUCIONAR U OPORTUNIDAD POR APROVECHAR:

Deportistas aficionados que desean recuperar su ritmo de entrenamiento sin exponerse a lugares altamente concurridos.</td></tr>
<tr><td></td><td>BAJA VIABILIDAD
(1 – 2)</td><td>MEDIA VIABILIDAD
(3)</td><td>ALTA VIABILIDAD
(4-5)</td></tr>
</table>

5. Curación y compartición: El mejoramiento *in situ*. Todos los equipos deberán presentar verbalmente sus ideas de negocios y estas deberán ser evaluadas por sus pares en función de la viabilidad de su ejecución. Una vez presentadas y evaluadas todas las ideas, deberás intercambiar los formularios para que cada idea sea enriquecida por otros equipos de trabajo; de esa forma las ideas son de todos y no solo del equipo que la produjo inicialmente. Luego de otros 30 minutos, podrás hacer una nueva ronda de presentaciones y evaluaciones.

Al final del proceso, puedes hacer una segunda o tercera ronda en las que la tarea debe variar hacia otro ámbito o *campus* de trabajo en la empresa. Por ejemplo, si antes trabajaste con nuevos servicios, en la segunda ronda puedes pedir que desarrollen ideas para mejorar el servicio al cliente o para crear nuevos canales comerciales. Más adelante te daremos una lista de *campus* de aplicación del taller.

Esta metodología la hemos aplicado decenas de ocasiones con resultados extremadamente prolíficos y con enorme satisfacción de parte de nuestros clientes.

Estamos seguros que podrás llevar a cabo jornadas de mucho desarrollo creativo orientado a los objetivos y necesidades específicos de tu negocio.

Cómo descubrir las mejores ideas

Si has llevado a cabo el taller con la metodología propuesta, tal vez tengas una cosecha de al menos unas doce o quince ideas para mejorar tu negocio. En algunos casos hemos superado veinte propuestas. Sea cual fuere el número, lo más importante es cómo se lograron:

- Basándose en tendencias, que son nuevos hábitos que la sociedad está adoptando y que repercuten favorablemente en el mercado en el que se mueve tu negocio. Estás, por tanto, surfeando la ola de lo que está ocurriendo y lo que vendrá en el futuro.

- Escuchando a tu propio equipo de trabajo y su conocimiento de lo que se puede hacer y de lo que no. No vino un gurú de afuera a decirte qué hacer; lo construiste tú con los tuyos, por tanto, lo que ejecutes, será algo genuino, propio, que todos lo sentirán como suyo mismo.

- Curando y enriqueciendo las ideas entre ustedes poniendo como principal variable de evaluación a la viabilidad. Estos talleres no son de ideas lindas sino de ideas viables.

Ahora te tocará seleccionar la o las mejores propuestas y trabajarlas desde los ámbitos financieros, comerciales, logísticos, etc. De eso tú sabes más que nadie, así que esa parte es tuya. En lo que a nosotros respecta, solo vamos a compartirte tres criterios de selección de las mejores propuestas, porque si llegaste a cosechar 15 o 20 te será muy difícil quedarte con una o dos para empezar a proyectarlas.

Te sugerimos que consideres a las mejores ideas de acuerdo a los siguientes criterios (gráfico 5):

1. Viabilidad. Esta variable es la que debió usarse en el taller para calificar cada una de las propuestas. Sin perjuicio de la

calificación que cada idea obtuvo, tu conocimiento del negocio puede ser muy útil para corregir algunas notas y darles su justo nivel de forma que tengas un *ranking* de viabilidad que te resulte confiable.

Gráfico 5. Criterios de evaluación.

2. Relevancia. Si vas a dedicarte a trabajar en algo para sacar adelante tu negocio, asegúrate que sea algo de alta relevancia para tus clientes. A veces en los talleres se desarrollan propuestas muy creativas y muy viables, pero que podrían ser apenas para un nicho pequeño de clientes. En nuestra experiencia esas ideas deben desarrollarse en una segunda fase.

3. Diferenciación. Todos sabemos que los negocios que triunfan son aquellos que logran establecer alguna diferenciación importante y difícil de igual frente a sus competidores. Las ideas surgidas del taller que te conduzcan en ese sentido deberían ser especialmente prioritarias.

La importancia de estos criterios se entiende mejor desde la Matriz de Atributos de Guiltinan[26] (gráfico 6), que nos hemos permitido enriquecer con el concepto de viabilidad, de forma que ahora quedará más claro a qué nos referíamos con *relevancia* y *diferenciación* en líneas anteriores.

La viabilidad, finalmente, es el concepto que le da sentido a todo este capítulo. De poco nos sirven ideas geniales en el papel, pero cuya ejecución está fuera de nuestro alcance.

---

[26] Para mayor conocimiento ver Guiltinan, J., Gordon, P. (2015) *Administración de marketing*. Barcelona, España: Mc Graw Hill.

Mirando la Matriz de Atributos de Guiltinan y suponiendo que tenemos un hotel que se mueve en una situación como la que planteamos en el gráfico, deberíamos emprender la construcción de un helipuerto para tener un atributo clave y podernos diferenciar de los demás. ¿Es viable hacerlo? Aun suponiendo que es de alta demanda de nuestros clientes, ¿es viable su construcción? ¿Tenemos la losa superior adecuada para aquello? ¿Será posible lograr los permisos aeronáuticos?

Gráfico 6. Matriz de Atributos de Guiltinan aplicada a un hotel.

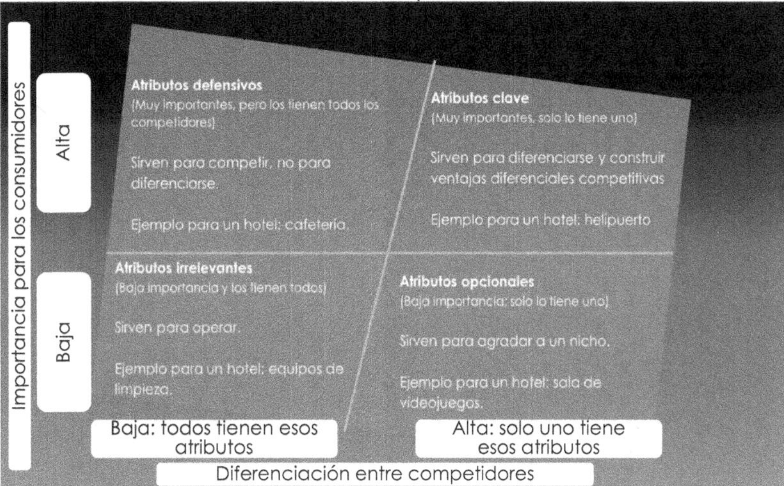

Si no es viable, no sirve. No importa cuán *trendy* sea la propuesta, no sirve.

<u>Claves del taller</u>

Compartimos tres claves muy importantes en la ejecución del taller.

1. Campus.

Al momento de asignar tareas en el taller es importante orientar la creatividad hacia aquellas áreas o *campus* de tu negocio en los que es más probable que puedas ejecutar algo altamente productivo.

A continuación incluimos una lista de doce ámbitos de trabajo para que te orientes un poco. Es una lista incompleta, seguramente la enriquecerás con el conocimiento de tu negocio.

- Nuevos productos: bienes o servicios.
- Mejoramiento de productos.
- Mejoramiento en el servicio al cliente.
- Promoción comercial: nuevos estímulos para tus clientes.
- Nuevos canales de ventas o mejoramiento de los actuales.
- Nuevas campañas comunicacionales.
- Nuevas actividades BTL.
- Innovaciones en el campo *online*.
- Alianzas estratégicas.
- Innovaciones en el local o en ambiente de atención.
- Innovaciones en el desarrollo del talento humano.
- Nuevo giro del negocio.

2. Cooperación, no competencia.

Aunque los ambientes competitivos suelen dar muy buenos resultados en muchas ocasiones, nuestra experiencia en el diseño y mejoramiento de nuestros talleres nos ha llevado a la conclusión que lo mejor es la cooperación.

Me explico mejor: cuando un equipo compite contra otro en la defensa de su propuesta de innovación, los argumentos podrían terminar en ataques a la otra parte en lugar de enriquecimiento de la idea propia. Y eso no ayuda al desarrollo de las ideas.

Además, al momento de evaluarse entre pares, podrían ponerse calificaciones muy bajas entre sí.

El truco: una vez presentadas todas las propuestas, intercambiarlas para que sean mejoradas por otros equipos. O cambiar la composición de los equipos varias veces a lo largo del proceso.

Al final debe quedar la sensación de que las ideas mejor evaluadas lograron ese puntaje por mérito de muchos o de todos, que la idea no sea *de nadie* en particular, sino el triunfo de todo el equipo de trabajo.

3. El café siempre caliente.

Sí, ten una máquina con café caliente durante el taller, pero eso no es lo más importante ahora.

El café siempre caliente se refiere a que programes el taller en un momento en el que puedas, apenas concluido el mismo, continuar con la evaluación de las propuestas desde los ámbitos de costos, financiero, de producción, etc. Y luego, de ser posible, seguir con la ejecución del proyecto o de la mejora propuesta.

Si te apresuras en hacer el taller sin considerar tu carga de trabajo de los días posteriores, tal vez la cotidianidad te gane y se te enfríe el café. Cuando retomes lo logrado en el taller habrás perdido el entusiasmo propio de la actividad.

Las conclusiones del taller, como el café, deben estar siempre calientes.

<u>Dónde encontrar indicios de tendencias</u>

Los indicios los tienes a tu alrededor, pero hay que ponerse en modo alerta. Puedes encontrar indicios de tendencias en parques, centros comerciales, casas, mercados, hospitales, etc. Donde haya personas, o incluso donde las personas hayan dejado su huella, es posible encontrar indicios de cambios de hábitos.

Otra fuente es Internet. Desde Google o cualquier otro motor de búsqueda se puede monitorear noticias y hechos relevantes de todas partes del mundo.

Aunque en nuestra firma identificamos tendencias principalmente desde las etnografías y los estudios cualitativos, en tu caso te recomiendo que recurras a información secundaria, alguna de cuyas fuentes ahora te compartimos:

- https://trendwatching.com   Esta es posiblemente la mamá del Trendhunting en el hemisferio occidental. Tiene información de libre disponibilidad y otra de pago.
- https://www.trendhunter.com   Este portal tiene mezclados conceptos de Trendhunting con productos de alta demanda, sin embargo podrías encontrar información valiosa si le dedicas tiempo a separar la paja de las flores.
- https://www.leonardo1452.com/libro-nft/   Esta agencia mexicana de estudios de Trendhunting ha publicado un *e-book* de pago con un contenido muy interesante para el mundo de los cazadores de tendencias.
- https://www.crehana.com/ec/cursos-online-innovacion/trendhunting-tendencias-para-la-innovacion   Este es un curso *online* de una colega *trendhunter*. Si te interesa profundizar en el tema, lo mejor es leer y leer mucho, pero un curso *online* puede ser un buen comienzo.
- https://lutxana.blogspot.com Es un *blog* con información actualizada sobre fenómenos novedosos que podrían convertirse en tendencia. Está enlazado con otros *blogs* de marketing.

Hemos dejado para el final el portal de nuestra firma -en particular su *blog*- en el que no solo presentamos tendencias sino metodologías y casos que te permitirá alimentarte de información para tus talleres y proyectos empresariales:

http://www.negociosyestrategias.com.ec/blog/

Además, en nuestras redes sociales también publicamos información de coyuntura sobre tendencias y temáticas afines:

https://www.instagram.com/negociosyestrategiasec
https://www.facebook.com/negociosyestrategiasec

Anhelamos que hayas descubierto a plenitud el enorme potencial de las tendencias y la valía del trabajo de quienes hacemos Trendhunting.

En medio de la *infoxicación* de nuestros tiempos, poder identificar información realmente útil y tener una herramienta para monetizar esa información a través del talento de los propios miembros del equipo de trabajo, es un tesoro cuyo mayor encanto es que es posible compartirlo, sin perderlo.

BIBLIOGRAFÍA

Arribas, J. (2013). *Sociología del consumo e investigación de mercados*, Madrid, España: UNED.

Barthes, R. (2009). *Mitologías*, Madrid, España: España Editores.

Bauman, Z. (2003). *Modernidad líquida*, México D.F., México: Fondo de Cultura Económica.

Bourdieu, P. (1988). *La distinción. Criterio y bases sociales del gusto*, Barcelona, España: Taurus.

Bourdieu, P. (1994). *El sentido práctico*. Buenos Aires, Argentina: Siglo XXI Editores.

Córdoba-Mendiola, D. (2009). *Coolhunting*, Barcelona, España; Gestión 2000.

Elkins D., Pinder D., (2015). *E-learning fundamentals*, Alexandria, Virginia, USA: ATD Press.

Erner G., (2014). *Sociología de las tendencias*, Barcelona, España: Editorial Gustavo Gil.

Gil, V. (2009). *Coolhunting: El arte y ciencia de descifrar tendencias*. Barcelona, España: Empresa Activa.

Gladwell, M. (2007). *El punto clave: Cómo los pequeños cambios pueden provocar grandes efectos*, Madrid, España: Taurus.

Guiltinan, J., Gordon, P. (2015) *Administración de marketing*, Barcelona, España: Mc Graw Hill.

Huxley A., (1969). *Un mundo feliz*, Barcelona, España: Plaza & Janés Editores.

Innerarity D., (2018). *Política para perplejos*, Barcelona, España: Editorial Galaxia Gutenberg.

López, A. (2011). *Coolhunting digital*, Madrid, España: Anaya.

Mead, G. (1928). *Persona, espíritu y sociedad*, Barcelona, España: Paidós.

Massonier V., (2008). *Tendencias de mercado*, Buenos Aires, Argentina: Granica.

Roberts, K. (2004). *Lovemarks*, Barcelona, España: Empresa Activa.

Serrano, M. (2011). *El libro blanco del coolhunter*, Madrid, España: Bubok publishing.

Underhill P., (2000). *Por qué compramos*, Barcelona, España: Gestión 2000.

https://trendwatching.com

https://www.trendhunter.com

https://www.leonardo1452.com/libro-nft/

https://issuu.com/negociosyestrategias/docs/trendhunting_boletin_c ero-final

http://somospandemials.com

CAMPUS I: LAS COMPRAS NUNCA VOLVERÁN A SER IGUALES

1.1 ALL DELIVERY

- https://www.instagram.com/p/CCHY4ReDLPD/
- https://twitter.com/TAVODEPONCE/status/1274526745987866624
- https://marketplace.goctors.com/pruebas-covid-domicilio

1.2 SOCIAL COMMERCE

- https://twitter.com/PedroJijonG/status/1336355382164414465?s=20
- https://www.luismaram.com/facebook-quiere-ser-el-amo-del-social-commerce-con-estas-3-tacticas/

1.3 A-COMMERCE

- https://www.marketingdirecto.com/digital-general/digital/ir-de-compras-sin-pasar-por-caja-posible-gracias-ia?utm_source=dlvr.it&utm_medium=twitter
- https://issuu.com/industrias/docs/revista_industrias_febrero_2018_100d d8ef65ad38

1.4 DINERO DIRECTO

- https://www.pagina12.com.ar/309074-ya-esta-disponible-la-billetera-virtual-impulsada-por-bancos#Echobox=1606776029
- https://www.instagram.com/p/CFHqBlxFVIz/
- https://bizum.es/
- https://www.eltiempo.com/tecnosfera/novedades-tecnologia/pagos-digitales-cuales-son-las-ultimas-tendencias-tecnologicas-547798

1.5 PEQUEÑAS SUPERFICIES

- https://n9.cl/skvko
- https://www.elconfidencial.com/empresas/2020-09-11/super-barrio-abren-tiendas-mercadona-dia-lidl-covid_2743528/
- https://pawpetsco.com/

1.6 AMBIENTES SALUDABLES

- https://www.instagram.com/kallpafitness/

https://www.metroecuador.com.ec/ec/empresarial/2020/05/29/bioseguridad-santa-maria.html

1.7 TODOS LOS AHORROS, TODOS

- https://xavierserbia.com/
- https://twitter.com/el_pais/status/1324216071486844928?s=21

CAMPUS II: EDUCACIÓN: DE LOS PUPITRES A LA ASINCRONICIDAD

2.1 ONLINE PERO NO AL MISMO TIEMPO

- https://www.eluniverso.com/noticias/2020/09/04/nota/7965805/como-afrontan-universidades-desafio-educacion-virtual-tiempos
- http://docenteenlinea.com/

2.2 LUZ, MÁS LUZ

- https://n9.cl/olbbw
- https://elclubemprende.com/
- https://n9.cl/tf2z6

2.3 FUENTES ABIERTAS

- https://www.instagram.com/negociosyestrategiasec/
- https://twitter.com/verogomezdev/status/1295679609594433536

CAMPUS III: LA SALUD, TESORO DE LOS SOBREVIVIENTES

3.1 NUTRICIÓN PARA LAS DEFENSAS

- https://www.instagram.com/superfoodsec/

3.2 EL SEGURO PARA VIVIR SEGUROS

- https://n9.cl/yq9k8
- https://asisken.com/

3.3 ALERTA TENGO TOS

- https://telemedico.com.ec/
- https://www.europapress.es/portaltic/gadgets/noticia-asi-funciona-the-blue-box-dispositivo-permitira-mujeres-realizarse-prueba-cancer-mama-casa-20201119162937.html

CAMPUS IV: LAS CASAS NUNCA FUERON TAN DIVERTIDAS

4.1 HOME ENTERTAINMENT

- https://boletos.casadelamusica.ec/event/don-medardo-y-sus-players-mauricio-luzuriaga-concierto-online/
- https://www.instagram.com/wine_beer_fest/

4.2 EN CASA SABE MÁS RICO

- https://shop.sailorcoffee.com/product/cajitabrunchgoals
- https://www.instagram.com/noixetnoisettes/
- https://twitter.com/dichiazzalorena/status/1326570224091533312?s=21

4.3 HOME GYM

- https://www.instagram.com/lycanfitnessec/
- https://www.instagram.com/maoricrossfit/

4.4 E-SPORTS

- https://www.eluniverso.com/entretenimiento/2019/11/11/nota/7600274/gamefest-alista-su-quinta-edicion-budokan-2019-guayaquil
- https://www.facebook.com/broootv/photos/

CAMPUS V: NUEVAS DINÁMICAS IN HOUSE

5.1 NUEVOS ESPACIOS

- https://www.multioficinasecuador.com/proyectos

5.2 NUEVOS ROLES

- https://www.aoraservicios.com/Home/services
- https://www.elcomercio.com/actualidad/tareas-laborales-escolares-cuarentena-covid19.html

5.3 ABUELOS TECNOLÓGICOS

- https://www.joyners.com/blog/el-primer-diccionario-tecnologico-para-abuelos/
- https://www.lavanguardia.com/cribeo/estilo-de-vida/20200301/473824805985/abuelo-81-anos-convierte-estrella-tiktok-gracias-videos-cocina.html
- https://cnnespanol.cnn.com/2013/03/25/los-abuelos-se-vuelven-expertos-en-tecnologia-para-estar-en-contacto/

CAMPUS VI: FUERA DE CASA YA NADA ES IGUAL

6.1 FORMATOS MIXTOS DE TRABAJO

- https://www.facebook.com/ComadresCoworkingEcuador/photos/714650119318198
- https://www.eluniverso.com/noticias/2020/10/15/nota/8015311/desconexion-trabajadores-acoso-laboral-denuncias-ecuador

6.2 HOBBIES RENTABLES

- https://www.primicias.ec/noticias/economia/negocios/innovacion-ingrediente-emprendimientos-pandemia/

6.3 CONDUCIENDO POR MI SALUD

- https://www.eluniverso.com/noticias/2020/09/16/nota/7979650/rebrote-ecuador-covid-19-preocupacion-uci-llenas-quito-xavier
- https://www.primicias.ec/noticias/economia/venta-motocicletas-crecen-coronavirus-crisis/
- https://www.aeade.net/sdm_downloads/sector-automotor-en-cifras-agosto-2020/
- https://www.instagram.com/p/CHeXO44Hj_U/

6.4 VIAJES CÁPSULA

- https://www.lavanguardia.com/ocio/viajes/20201017/484101204850/asi-sera-viajar-en-2021-airbnb.html
- https://www.facebook.com/cabana.partedelaire/photos/a.458910004267226/1764233513734862

6.5 LA NORMALIDAD DEL MIEDO

- https://www.lapatilla.com/2020/09/24/felices-pero-prudentes-los-hinchas-regresan-al-estadio-para-un-partido-europeo/
- https://www.instagram.com/dpodsecuador/

CAMPUS VII: ¿CÓMO VAMOS A VOTAR EL 2021?

7.1 NUEVOS ENFOQUES DEL EMPLEO

- http://www.pichinchacomunicaciones.com.ec/reactivacion-economica-de-las-familias-es-prioridad-para-candidato-presidencial-andres-arauz/
- https://www.eluniverso.com/noticias/2020/08/17/nota/7945534/elecciones-presidenciales-ecuador-2021-guillermo-lasso-alfredo
- https://www.vistazo.com/seccion/portafolio/la-pandemia-no-detiene-al-emprendedor-ecuatoriano-5132-nuevas-mipymes-se-han
- http://www.rrhhdigital.com/secciones/141375/el-outplacement-en-tiempos-de-covid-19-en-que-sectores-se-estan-recolocando-mas-trabajadores

7.2 DERECHO A LA SALUD

- https://www.planv.com.ec/historias/politica/elecciones-y-covid-19-el-voto-ecuatorianos-riesgo
- http://www.clickresearch.ec/index.php/click-report
- https://twitter.com/saluderecho/status/1319015380560510976?s=20
- https://twitter.com/CoordXLaPaz/status/1306364897043853312?s=20

7.3 EDUCACIÓN EN PROBLEMAS

- https://www.eluniverso.com/noticias/2020/09/25/nota/7990330/coron avirus-ecuador-forma-virtual-se-juro-bandera-se-proclamo
- https://www.eluniverso.com/guayaquil/2020/06/08/nota/7865262/crisi s-generada-covid-19-obligo-padres-no-dar-estudios-sus-hijos-o
- https://www.eluniverso.com/noticias/2020/03/15/nota/7781841/mileni als-centenials-elecciones-voto-joven-partidos-politicos

7.4 JUICIO A LA JUSTICIA

- https://cnnespanol.cnn.com/video/mas-de-50-investigaciones-ecuador-casos-corrupcion-pandemia-covid19-coronavirus-fernando-del-rincon-conclusiones/
- https://m.facebook.com/lexlaboralQuito/photos/a.760827560687720/ 26767171557654O8/?type=3
- https://www.zurichseguros.com.ec/es-ec/inicio/recursos-para-clientes-zurich/asistencia-vehicular/asistencia-legal

OTRAS IMÁGENES Y FOTOGRAFÍAS

- https://www.freepik.com

Este libro se terminó de redactar el 09 de diciembre de 2020.

http://www.negociosyestrategias.com.ec/